21世紀型教育への提言

幼小中一貫で育つ子どもたち

広島大学附属三原学校園　編著

Mihara Educational Institution
attached to
Hiroshima University

まえがき

一冊の本にはその人の生き方が凝縮されています。本を作り上げるには全体を貫く想いが不可欠です。そこでは一つの明確な人間像と新たな価値体系が生み出されます。学園という学びの世界に入った園児は，12 年間創造性豊かな経験を積み重ねていきます。そして学園を巣立つ時には潜在力を大きく伸ばしているのです。本書はまさに子どもたちの成長の物語です。

広島大学附属三原幼稚園，同小学校，同中学校は，新幹線三原駅から徒歩５分，小早川隆景が築いた城を臨めるところにあります。同一キャンパスに幼小中が隣接しています。私たちは大正時代に制定された教育理念「自ら伸びよ」のもと，完全連絡を基本とした幼小中一貫教育を行っています。この空間的・心理的一体感が，三原学園と呼ばれる所以でもあります。

私たちはこの幼小中一貫の教育力を活かして，21 世紀初頭に大人になる子どもたちに確実に身に付けていてほしい学力として，国際的コミュニケーション能力，協同的創造力，そして人間関係力の育成に取り組みました。本学園は文部科学省の研究開発校の指定を二期（2003 ～ 2005 年度，2006 年～ 2008 年度）受けました。研究課題は「幼小中一貫の教育力を生かした社会のグローバル化・高度情報化・超少子化の進展に対応する国際的コミュニケーション能力の育成を中心とした 21 世紀型学校カリキュラムの研究開発」です。前半期の研究成果は，前小原友行校園長のもと『21 世紀型“読み・書き・算”カリキュラムの開発』（2005 年 12 月，明治図書）に集約しました。前半期の研究が評価され，これまでの研究を一層発展させるために，引き続き後半期 2008 年度までの３年間，21 世紀型学校カリキュラムの開発とその検証を行っています。

本書は，６年間の研究開発，特に後半期の成果を「三原学園プラン」として全国に発信しようとするものです。本プランでは幼小中を貫く新教科「国際コミュニケーション」の創設，小中連携の『協同的創造力』育成のための選択科目の新設，幼小連携による「発見科・表現科」（小学校）と「発見・

表現の時間」（幼稚園）の新設，幼小中連携による感動体験「かかわり学習」の開発を行いました。それぞれの学習開発と評価を継続しています。最大3歳から15歳までの12年間（研究開発時期では6年間），子どもたちの中でこのプランはどのように有機的に連携し合い，高め合い，最終的にどのような力に統合されていったのでしょうか。本書を作るに当たって，この変容をいかに叙述するかで葛藤がありました。全体的に観察し，背後にある一般性・法則性を求めるのか，あるいは子どもたちの「個」の変容に着目し，それを経験的・主観的に切り出すのか。私たちは後者の立場を取りました。この立場でこそ，子どもたちの伸びていく生き生きとした姿が，また子どもたちに接する教師たちの一貫した視点・人間観が浮かび上がってくると考えたからです。教師の子ども一人ひとりの可能性を最大限に伸ばしたいという真摯な姿勢。見通しを持って子ども自身に立案・行動させたいと見守る教師の勇気と寛容さ。研究の成果は必ずしも十分ではありませんが，本学園の教職員の夢と高い志を感じていただければ幸いです。なお，本書に現われる子どもの名前は全て仮名です。

本書のコラムを，運営指導委員長の広島大学，小原友行先生をはじめ，千葉大学の天笠茂先生，国士舘大学の北俊夫先生，山梨大学の加藤繁美先生，大阪教育大学の田中博之先生，広島大学の深澤清治先生にご執筆いただきました。先生方の示唆性に富むお言葉を通して私たちの研究目的と成果が一層鮮明になりました。厚く御礼申し上げます。また本研究を推進するにあたって，広島県教育委員会指導第一課長，尾三教育事務所長，三原市の教育長には力強いご指導をいただきました。広島大学の多くの先生方には共同研究者としてご参加いただきました。全ての皆様に深謝申し上げます。

最後になりましたが，本書出版の機会を与えていただきました溪水社社長木村逸司様に心からお礼申し上げます。

2008（平成20）年11月

広島大学附属三原校園長　　中尾　佳行

目　次

21世紀型教育への提言

～幼小中一貫で育つ子どもたち～

第1章　三原学園の研究構想と研究の歩み

21世紀の急速に変化する社会情勢の中で生きる人間にとって，大切な資質とは何だろうか。改めて問われたとき，私たちは「それはユニバーサル・シティズンシップである」という答えを導き出した。

どんなに社会が変わっても，どんな国・どんな時代に生きようとも，人間として普遍的に大切な資質は変わらない。その普遍の資質を私たちは「ユニバーサル・シティズンシップ」と呼ぶことにした。

本章では，本学園の最大の特徴である幼小中一貫教育が生んだ成果をふまえて，この「ユニバーサル・シティズンシップ」の具体的な内容やそれを子どもたちに身につけさせるためのプラン，カリキュラムの構造などを述べていく。

Ⅰ．ユニバーサル・シティズンシップを育むカリキュラム

1．幼小中一貫教育の11年の成果

広島県三原市にある広島大学附属三原幼稚園・小学校・中学校は，「三原学園」と呼称されるように，幼稚園から中学校まで完全連絡入学制を採用した幼小中一貫校である。したがって，子どもたちは3歳から15歳までの12年間を同一敷地内で学ぶことができる。また，日常的に異学年の子どもたちが交流をしており，豊かな心やコミュニケーション能力の育成に有効な土壌を持っている。

その中で私たち教職員も校種をこえてプロジェクトチームを組み，こうした幼小中一貫の教育力を生かしながら，カリキュラム開発に11年間挑戦し続けてきた。

平成10年には，幼小中12年間を一貫した教育理念で貫き，子どもたちに将来にわたって必要な資質としての社会性，すなわち人と豊かにかかわり合う力を育成することを目的に，「表現」「集団」「環境」の3部会をつくり，

幼小中一貫教育の第１期をスタートさせた。平成11年には，第２期として「系統的な支援に基づく保育・授業づくり」をテーマに，子どもたちの成長をもとにした支援の在り方を探った。さらに，平成13年には「幼小中12年間の一貫カリキュラム」を作成し，続く平成14年には第３期として幼小中一貫カリキュラムを実践・修正した。平成15年からは，21世紀を生き抜くために必要な力を育む研究に取り組み，現在に至っている。

この11年間で，子どもたちの変容が手応えとして感じられるようになり，次のような点で研究の質や教師の資質も大きく向上してきた。

（1）子どもの成長に合わせた，各校種の教育の独自性というものを大切にしながら，研究のねらいを焦点化して研究を推進することができた。

（2）教育評価を加えながらカリキュラムの改善を繰り返していく中で，12年間という教育の連続性を生み出すことができた。

（3）教師がお互いの思いを共有化し，長期的ビジョンで子どもたちを見据えること，共通のまなざしで子どもたちを見守り育てていくことの大切さに気づくことができた。

（4）教師間の活発なコミュニケーションや意思疎通が図られることにより同僚とのよき関係性を構築することができた。また，それによって共同の場も質的・量的に豊かになり，創造的な仕事に喜びを実感することができたので，研究に対する意欲向上に繋がっていった。

2．カリキュラム開発のコンセプト

この研究開発のコンセプトは，大きく次の３点である。

第１は，どのような時代になろうとも，どのような国に住もうとも，人間として普遍的に大切な資質や能力，すなわち「ユニバーサル・シティズンシップ」の育成を重視したカリキュラムを開発していくことである。

そして第２は，それと同時に，これからの時代に特に求められる力，すなわち，子どもたちが大人となり，次世代の親となる21世紀初頭（2015～

2025年）の社会の変化に対応しながら主体的に生きていくために必要な力を育成するカリキュラムを開発することである。

21世紀初頭の我が国は，急激な社会情勢の中にある。中でも，グローバル化・高度情報化・超少子化については，これに対応する新しい教育のあり方が問われている。実際のところ，海外旅行や外国で生活をした経験のある子どもたちも少なくないし，日本に滞在する外国人の数も年々増加の一途をたどっている。また，学校や家庭でのコンピュータ普及率や，子どもたちが生活や遊びの中でコンピュータを使用する頻度は非常に高い。これらの変化は，グローバル化や高度情報化が私たちの生活に大きく浸透していることを示す一つであると捉えて良い。しかし，このような高度情報化による情報の氾濫は，実感を伴わなかったり偏った考え方に導いたり惑わせたり不安にさせたりしているという側面も併せ持つ。また，世界の情勢にばかり関心が向き，自国を含むグローバルな視野でものを見たり考えたりすることに弊害を生むこともある。一方，超少子化によって，子どもたちは人とうまくかかわり合う力を身に付けることができにくく，その結果，反社会的行動や自己閉鎖的行動等に陥っていることが指摘されている。

このような21世紀の急速に変化する社会情勢の中で生きる人間にとっては，どんな国・どんな時代に生きようとも人間として普遍的に大切な資質を持つと同時に，この社会変化に対応しながら主体的に生きる力が必要であると考えた。

では，その普遍の資質とは具体的にはどのような資質なのだろうか。

本学園には，大正13年から続いている「自伸会」（児童会・生徒会）のめざす子ども像があり，次の三つの信条で表されている。これは，学園の教育理念でもある。

一，「私たちは　私たちの力で　伸びていこう」

一，「私たちは　人のためにつくして　感謝しよう」

一，「私たちは　私たちのきまりを　尊重しよう」

信条の一つ目は，子どもの自主性を育てる側面であり，自己実現をめざす子どもの姿である。信条の二つ目は，連帯性を育みながら，共感的な理解を伴う自己尊重の気持ちを培うものである。信条の三つ目は，一人ひとりの自律性を陶冶する側面であり，学校や社会の一員である自己概念の形成をめざすものである。

そこで，私たちは，これらの信条を，どんな国・どんな時代に生きようとも，人間として普遍的に大切なものではないかと考え，この信条が語る理念がすなわち「ユニバーサル・シティズンシップ」であるとした。現在でもこの三つの信条を幼小中の教育目標として，子どもたちの発達に即した内容で継承している。

では，本学園の子どもたちが，社会のグローバル化，高度情報化，超少子化の進展という21世紀初頭の社会情勢に対応しながら，「きまりを尊重し，自分の力で，人のためにつくして感謝する」ような生き方ができるようになるためには，今，どのような力を育んでおくことが必要となるのであろうか。

開発コンセプトの第３は，現在の子どもたちの生活面や学習面の課題を克服するような，換言すれば，今の子どもたちが失っている力の回復をめざしたカリキュラムを開発することである。生活面では，経験や体験の不足，他者とかかわりあう社会性の発達が未成熟といわれている。また，学習面では，自分なりの考えや意見をもちそれを表現し，他者と分かち合うというコミュニケーション力が十分育っていないと指摘されている。

以上述べてきたように，人間として普遍的に大切なものを大事にしながら，21世紀初頭の社会の変化に対応するとともに，今の子どもたちの課題をも克服していくという視点から開発をめざしたものが，三原学園の幼小中一貫の21世紀型学校カリキュラムである。

具体的には，20世紀を代表する基礎学力と言われている「読み・書き・算」に替わる，「国際的コミュニケーション能力」を中心とした21世紀型の新しい学力の育成をめざす「三原学園プラン」の開発なのである。

Ⅱ．21 世紀を切り拓く「三原学園プラン」の三つの特質

1．幼小中一貫の目標としての「21 世紀型学力」で重視している三つの力

この「三原学園プラン」の特質の第1は，幼小中一貫の目標として「21 世紀型学力」を掲げていることである。

本学園では，「国際的コミュニケーション能力」の育成を中心とした「21 世紀型学力」として，次の三つのものを重視している。

（1）社会のグローバル化･高度情報化の中で活躍していくために必要な「国際的コミュニケーション能力」
（2）社会の変化に対応していくために必要な教科学力「協同的創造力」
（3）超少子化社会の進展の中でも，人間として普遍的に大切な人と人とのかかわりを生み出すことができる「人間関係力」

これらの三つの力に共通するキーワードは「コミュニケーション」である。

つまり，本学園では，21 世紀を生きる子どもたちにとって最も重要な力の一つがコミュニケーション力であるという認識に立って，これらの力を設定した。どの力にもコミュニケーションの基礎的技能と「他者とかかわりあおう」という意欲が必要不可欠であり，それらは三つの力全てを通して育んでいくものである。

では，その土台の上にそれぞれどういった考え方で，「21 世紀型学力」の側面を担っているのかを簡単に述べる。

最初の「国際的コミュニケーション能力」について，本学園では，社会のグローバル化・高度情報化の中で「確かな語学力を基に，様々なメディアを駆使して多文化を理解したり，人々と国際的にコミュニケーションしたりする力」ととらえている。具体的には，豊かな外国語会話力や多文化理解の力，情報活用能力や情報の科学的理解・多面的判断能力，メディア社会に参画する能力や態度などがあげられる。今日的な社会の変化や課題に対応しなが

ら，単なる外国語能力やメディアリテラシーの向上にとどまらず，そういった力を使って他者とかかわることの意義や喜びの理解が大切であると考えている。

次の「協同的創造力」であるが，この力は従来からある各教科4観点の教科学力を身につけた上で，それらを生かしながら，新たな文化を子どもたちが協同で創造していくような力と考えている。本学園では21世紀型の「教科学力」を，「21世紀初頭の社会の変化に対応することができる確かな教科学力」ととらえており，具体的には，教科学力を，現行の学習指導要領で示されているものを含めた不易な学力という側面と，21世紀の社会の変化にも対応していくための流行としての新たな学力という側面の両面をもつものととらえ，教科の学習で学んだことを自分たちの生活の改善や社会づくりに生かしていく力，すなわち文化創造に貢献できる力が大切であるとした。

最後の「人間関係力」は，「広い視野にたち，より直接的・体験的に他者や集団と豊かにかかわり合う力」であり，具体的には広い視野に立ったものの見方や考え方を相互に学び合うこと，かかわりを生み出そうとする力や態度，自分の感情をコントロールしながら人間関係を調整していく力などを含むものととらえている。21世紀における人と人とのかかわりは，かかわる対象がより国際的になるであろうし，かかわる方法も高度情報化社会においてより多様化するだろう。その一方で超少子化社会の中，直接的な人と人とのふれあいを通して学ぶべき思いやりなどの心の発達や，過保護や過剰期待による社会性・自主性の発達が阻害されているという認識のもと，人間関係を作りだし深める力を育てるための取り組みが必要だと考えている。

以上のように私たちは，社会のグローバル化・高度情報化の中で求められる「国際的コミュニケーション能力」と，新しい教科学力の一つと考えている「協同的創造力」，そしてこれらに，人間として生きるために必要不可欠な人と人とのかかわりを生み出すことができる「人間関係力」を加えた三つの力を，三原学園の最大の特徴である幼小中一貫の教育力を生かしながら，

12年間で確実に育んでいきたいと考えた。これらの力は先に紹介した「私たちの力で伸びていく」「人のためにつくして感謝する」「私たちのきまりを尊重する」という「自伸会」の三信条で生涯輝く大人として生きていくために必要な力ではなかろうか。つまり言い換えれば，三信条すなわちユニバーサル・シティズンシップを実現するための力なのである。

2．幼小中一貫型のカリキュラム開発

「三原学園プラン」の特質の第2は，このような三つの力を育成するために，幼稚園から中学校までの12年間を見通した学びを可能にするカリキュラムを開発しようとしていることである。それは，生涯輝く大人になるための土台となる力を確実に育むことができるような自己実現型のカリキュラムである。すなわち，幼稚園～小学校3年生までに自分のよさに気づく，小学校高学年の3年間でよさを生かした夢を見つける，そして中学校の3年間で夢を志に変えていくというカリキュラムである。

そこで「国際的コミュニケーション能力」「協同的創造力」「人間関係力」はすべての教育活動の基盤としての育成をめざしていくが，とりわけそれらを育成するために準備したものが，次の三つの学習である。

（1）「国際的コミュニケーション能力」の育成をより直接的に担う通教科的性格をもつ幼小中一貫の新教科「国際コミュニケーション」

（2）21世紀型教科学力の基盤として，認識と表現の基礎を育む幼小連携の「保育・教科学習」と，「協同的創造力」の育成を重視した小中連携の「教科学習」

（3）幼小中の連携を生かしながら「人間関係力」を育んでいく「かかわり学習」

3．幼小中一貫の教育力を生かした保育・授業開発

「三原学園プラン」の特質の第3は，幼小中一貫のよさから生まれる教育

力を生かした保育・授業，すなわち学習指導法の開発を目指していることである。具体的には，次のようなよさである。

まず，幼小中の教職員が協力することによって生まれる教育力を生かした，ＴＴ学習などの学習指導法が可能なことである。次に，幼小中の園児･児童･生徒が多様な交流をすることによって生まれる教育力を生かした，幼小間・小中間・幼中間・幼小中間での交流学習や合同学習，そして協同的学習が可能なことである。

このように本学園では，異校種間の教師どうしの協力や園児・児童・生徒の多様なかかわりが可能であり，12 年間を見通した学びの開発を工夫することができる。

以上のような「三原学園プラン」の特質を図式化すると，図－１のようになる。

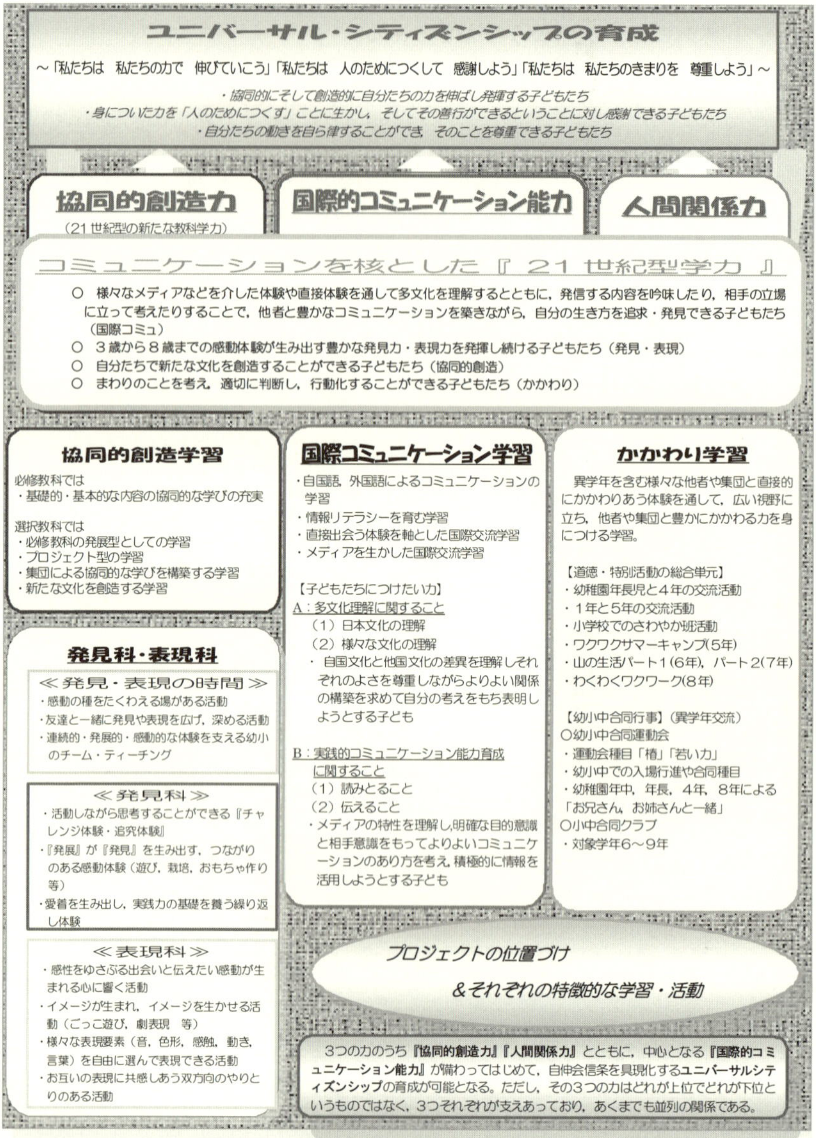

ユニバーサル・シティズンシップの育成
～「私たちは　私たちの力で　伸びていこう」「私たちは　人のためにつくして　感謝しよう」「私たちは　私たちのきまりを　尊重しよう」～
・協同的にそして創造的に自分たちの力を伸ばし発揮する子どもたち
・身についた力を「人のためにつくす」ことに生かし，そしてその善行ができるということに対し感謝できる子どもたち
・自分たちの動きを自ら律することができ，そのことを尊重できる子どもたち
協同的創造力
（21世紀型の新たな教科学力）
国際的コミュニケーション能力
人間関係力
コミュニケーションを核とした『21世紀型学力』
○　様々なメディアなどを介した体験や直接体験を通して多文化を理解するとともに，発信する内容を吟味したり，相手の立場に立って考えたりすることで，他者と豊かなコミュニケーションを築きながら，自分の生き方を追求・発見できる子どもたち（国際コミュ）
○　３歳から８歳までの感動体験が生み出す豊かな発見力・表現力を発揮し続ける子どもたち（発見・表現）
○　自分たちで新たな文化を創造することができる子どもたち（協同的創造）
○　まわりのことを考え，適切に判断し，行動化することができる子どもたち（かかわり）
協同的創造学習
必修教科では
・基礎的・基本的な内容の協同的な学びの充実
選択教科では
・必修教科の発展型としての学習
・プロジェクト型の学習
・集団による協同的な学びを構築する学習
・新たな文化を創造する学習
発見科・表現科
≪発見・表現の時間≫
・感動の種をたくわえる場がある活動
・友達と一緒に発見や表現を広げ，深める活動
・連続的・発展的・感動的な体験を支える幼小のチーム・ティーチング
≪発見科≫
・活動しながら思考することができる『チャレンジ体験・追究体験』
・『発展』が『発見』を生み出す，つながりのある感動体験（遊び，栽培，おもちゃ作り等）
・愛着を生み出し，実践力の基礎を養う繰り返し体験
≪表現科≫
・感性をゆさぶる出会いと伝えたい感動が生まれる心に響く活動
・イメージが生まれ，イメージを生かせる活動（ごっこ遊び，劇表現　等）
・様々な表現要素（音，色形，感触，動き，言葉）を自由に選んで表現できる活動
・お互いの表現に共感しあう双方向のやりとりのある活動
国際コミュニケーション学習
・自国語，外国語によるコミュニケーションの学習
・情報リテラシーを育む学習
・直接出会う体験を軸とした国際交流学習
・メディアを生かした国際交流学習
【子どもたちにつけたい力】
A：多文化理解に関すること
（1）日本文化の理解
（2）様々な文化の理解
・自国文化と他国文化の差異を理解しそれぞれのよさを尊重しながらよりよい関係の構築を求めて自分の考えをもち表明しようとする子ども
B：実践的コミュニケーション能力育成に関すること
（1）読みとること
（2）伝えること
・メディアの特性を理解し，明確な目的意識と相手意識をもってよりよいコミュニケーションのあり方を考え，積極的に情報を活用しようとする子ども
かかわり学習
異学年を含む様々な他者や集団と直接的にかかわりあう体験を通して，広い視野に立ち，他者や集団と豊かにかかわる力を身につける学習。
【道徳・特別活動の総合単元】
・幼稚園年長児と４年の交流活動
・１年と５年の交流活動
・小学校でのさわやか班活動
・ワクワクサマーキャンプ(5年)
・山の生活パート１(6年)，パート２(7年)
・わくわくワクワーク(8年)
【幼小中合同行事】（異学年交流）
○幼小中合同運動会
・運動会種目「椿」「若い力」
・幼小中での入場行進や合同種目
・幼稚園年中，年長，4年，8年による「お兄さん，お姉さんと一緒」
○小中合同クラブ
・対象学年6～9年
プロジェクトの位置づけ
&それぞれの特徴的な学習・活動
3つの力のうち『協同的創造力』『人間関係力』とともに，中心となる『国際的コミュニケーション能力』が備わってはじめて，自伸会信条を具現化するユニバーサルシティズンシップの育成が可能となる。ただし，その3つの力はどれが上位でどれが下位というものではなく，3つそれぞれが支えあっており，あくまでも並列の関係である。

図ー1　三原学園プラン　グランドデザイン

Ⅲ．幼小中一貫の21世紀型学校カリキュラムの構造

三原学園が構想する幼小中一貫の21世紀型学校カリキュラムの全体像は，表－１のとおりである。このカリキュラムの最大の特徴は，現行の教育課程には含まれない新教科「国際コミュニケーション」を設けたことである。この新教科は，21世紀を生きるために必要な中心的な力であると考えた「国際的コミュニケーション能力」を子どもたちに育てるものであり，本学園のカリキュラムの中心をなすものである。そして，カリキュラム全体を，新教科「国際コミュニケーション」，「保育・教科学習」，「かかわり学習」の三つの柱で構成している。

また，幼小中一貫教育の特色（よさや可能性）を生かすために，本学園では，いわゆる「６・６」という区分を採用している。

具体的には，前半の幼稚園年少～小学校第３学年までの６年間を幼小連携の期間とし，学級担任による体験的・基礎的な学びを重視した土台づくりの時期と位置づけている。そして，幼稚園の総合的な活動から小学校の教科学習への滑らかな移行を可能にするためにも，幼稚園に「発見・表現の時間」，小学校の低学年に「発見科」「表現科」の導入を試みている。また，後半の小学校第４学年～中学校第９学年までの６年間を小中連携の期間とし，小学校第４学年から教科担任制を導入するとともに，小学校第５・６学年に選択教科を新設している。

表－1　三原学園の21世紀型学校カリキュラムの全体像

		年少　年中　年長	1　2	3	4	5　6	7　8　9
国際コミュニケーション（新教科）	国際交流学習の視点から	自国・他国の文化や人とのコミュニケーションを大切にした保育	多文化理解を中心とした学習		コミュニケーションスキルの向上を中心とした学習		コミュニケーションスキルを生かした多文化理解の学習
	マルチメディア学習の視点から	メディアに出会う保育	目的意識を持ちながらメディアに親しむ活動		伝える相手・思い・場面に合わせてメディアを選択・活用する活動		情報の科学的な理解に基づくメディアの体験的活動
保育・教科学習		〈学級担任制および体験学習を中心とした基礎的な学習〉			〈教科担任制による確実な学力向上をめざした発展的な学習〉		
		保育 ○総合的な活動 ・言葉 ・環境 ・表現 ・健康 ・人間関係 発見・表現の時間	国語科		国語科		
			発見科	社会科	社会科		
				理　科	理　科		
			算数科		算数科		数学科
			表現科				
			音楽科		音楽科		
			図画工作科		図画工作科		美術科
			体育科		体育科		
						家庭科	
							技術科
							英語科
						選択教科	
				総合的な学習の時間			
かかわり学習	道　徳	道徳性の芽生え	道　徳		道　徳		
	特別活動		特別活動		特別活動		
	クラブ活動				クラブ活動		
	学校行事	学校行事（学園行事・自伸会活動）					

このような全体像の背後には本学園の基本的な考え方がある。それは，私たちは９歳前後の段階までは体験的・基礎的な学習を大切にし，その後各教科等で専門的な指導を開始すれば，義務教育の出口である中学校第９学年で，子どもたちの可能性をより引き出し，学力の確実な定着・向上を図ることができるのではないかという考えである。それに基づいて全体像を構成した。

なお，４・３・２制や５・４制ではなく，小学校第３学年と第４学年の間に区切りを入れて６・６制にしたのは，発達心理学や認知心理学の「具体的な思考から抽象的な思考に飛躍する転換期が９～10歳である」という見解を参考にしたこともあるが，それよりも，いわゆる「９歳の壁」をどう乗り越えるかという教師の教育実践上の課題に着目したからである。

他の特徴的な部分について述べる。

私たちが新しい教科学力と考えている「協同的創造力」について，とりわけ選択教科の学習においては，必修教科の発展的な内容を学習することを通して，新たな文化を子どもたちが協同で創造していくことをめざしている。そのため，中学校における従来の選択教科の時間に加えて，小学校第５・６学年合同の選択教科の時間を新設し，「協同的創造力」を特化して育むこととする。

なお，幼稚園の教育活動は，現行の幼稚園教育要領にある５領域（言葉・環境・表現・健康・人間関係）のねらいに向かうふさわしい経験や活動として，一日の生活の流れに基づいて総合的に繰り広げられている。したがって，21世紀型学校カリキュラムを作成するにあたっては，本園の教育課程を基本としながら，「国際コミュニケーション」「発見・表現（保育・教科）」「かかわり学習」の視点につながるものを抽出したり，新たな活動を付け加えたりするなど，工夫を試みている。

「発見・表現」については，年長児に１時間を45分とした「発見・表現の時間」を新設し，年間で35時間程度を保育カリキュラムの中に位置づける。ただし，年長児の遊びに，より広がりや深まりを求めていけるように，個々あるいは小集団での遊びを生かしながら，クラス全体での活動を柔軟に設定していく。さらに，５歳後期後半には，保育者が45分という時間を意識して活動を設定することも幼稚園から小学校への滑らかな連携につながると考え，保育カリキュラムを設定している。

なお,「国際コミュニケーション」,「発見・表現の時間」を意識した活動を取り入れる日数は，表－２のとおりである。

表－２　広島大学附属三原幼稚園

「国際コミュニケーション」「発見・表現の時間」課程表　(平成20年度)

年少児	国際コミュニケーション	1期	2期	3期	4期		合計
		2日	3日	4日	3日		12日
年中児	国際コミュニケーション	5期	6期	7期	8期		合計
		3日	5日	5日	4日		17日
年長児	国際コミュニケーション	9期	10期	11期	12期	13期	合計
		3日	5日	5日	4日	3日	20日
	発見・表現の時間	6時間	8時間	8時間	7時間	6時間	35時間

幼稚園においては，各期における領域「国際コミュニケーション」を設置し，年間で12～20日程度を保育カリキュラムの中に位置づける。また,幼稚園年長児に１時間を45分とした「発見・表現の時間」を設置し,年間で35時間程度を保育カリキュラムの中に位置づける。

研究開発のために新たに構成した2008（平成20）年度の小中学校の教育課程は表－３の通りである。

表－３　広島大学附属三原小中学校　教育課程表（平成 20 年度）

	国語科	社会科	算数／数学科	理科	発見科	表現科	音楽科	図画工作／美術科	体育／保健体育科	家庭／技術・家庭科	英語科	国際コミュニケーション科	選択教科	総合	かかわり学習		総授業数
															道徳	特別活動	
第1学年	255 (−17)		114		85 (−17)	46	50 (−18)	50 (−18)	80 (−10)			68		16	34	34	832 (+50)
第2学年	263 (−17)		155		88 (−17)	50	50 (−20)	50 (−20)	80 (−10)			70		16	35	35	892 (+52)
第3学年	218 (−17)	70	150	70			60	60	90			70		70 (−35)	35	35	928 (+18)
第4学年	218 (−17)	85	150	90			60	60	90			70		70 (−35)	35	35	963 (+18)
第5学年	163 (−17)	90	150	95			50	50	90	60		70	15	60 (−50)	35	35	963 (+18)
第6学年	160 (−15)	100	150	95			50	50	90	55		70	15	60 (−50)	35	35	965 (+20)
第7学年	130 (−10)	100 (−5)	100 (−5)	100 (−5)			35 (−10)	35 (−10)	85 (−5)	65 (−5)	100 (−5)	105	20	35 (−45)	35	35	980 (0)
第8学年	100 (−5)	100 (−5)	100 (−5)	100 (−5)			35	35	85 (−5)	65 (−5)	100 (−5)	105	50	35 (−70)	35	35	980 (0)
第9学年	95 (−10)	85	100 (−5)	80			35	35	85 (−5)	35	100 (−5)	105	120	35 (−80)	35	35	980 (0)

（研究開発委員会）

第2章　国際コミュニケーション科（学習）で育った子どもたち

Ⅰ．国際コミュニケーション科（学習）で育った子ども

修学旅行の中日だというのに，そのバスの中は妙に静か。沖縄旅行のメインイベントでもある「アメリカ人家庭への半日ショートステイ」へ向かう道中，子どもたちのおしゃべりは少しずつボリュームが下がってきます。

（もうすぐ，ホストファミリーに出会うんだ。）

（練習はしてるけど，うまくあいさつとか出来るかなぁ。）

高まる緊張の中，３班のリーダーの健太に，先生がすまなそうに話しかけてきました。

「あのな，実は健太の班のファミリー，ギリーさんからウォールさんってお家に変わることになった。」

「ええっ。」

「さっき連絡があってなぁ。まあ，こういうこともあるよ。悪いけど，何とか頑張ってくれ。」

ギリーさん一家宛てに作っていたプレゼント，数は合うだろうか。いや，だいたいどんな家族構成だ。ペットとか居たらどうするんだ，うちの班の淳子は猫アレルギーだぞ……。

でも，ここまで来たらやるしかありません。いっそう緊張感が高まってきた健太をはじめとする子どもたちを乗せて，バスはファミリーとの待ち合わせ場所に滑り込みました。

＊＊＊＊＊＊＊＊＊＊＊＊＊＊＊

「ホームビジット IN 沖縄」は，沖縄への修学旅行時に行う８年生の単元です。子どもは３人一組で，沖縄米軍基地内にお住まいのアメリカ人家庭に半日のショートステイをします。健太のように土壇場でファミリーが変更になるケースは毎年何組かあります。予定訪問先のファミリーに向けて用意していたグッズや話題が全て台無しになることもあるわけです。私たち教師も

この単元を導入した初年度は「そんなのありか」と思ったものですが，何年か取り組むにつれて考えが変わりました。受入れ側にだって事情があるのですから，むしろ不測の事態をどう乗り切るか，いかにコミュニケーションを成立させるかにエネルギーを使った方がよいと思うようになってきたのです。

さて，大輔の班は，予定通りのファミリーへのステイでした。しかしもちろん緊張していることに変わりはありません。

子どもたちは事前に，ファミリーの方々と会ってから別れるまでの英会話を一通り学習しています。しかし，いざ本番当日となると，緊張のあまりなかなか会話が上手くいかないというシーンがあちこちで展開されます。ホストファミリーの方々は笑顔で色々と話しかけてくれるのですが，ほとんどの子どもたちは笑顔を返すのが精一杯という状況。そんなぎこちない雰囲気の中，大輔の声が響いてきました。

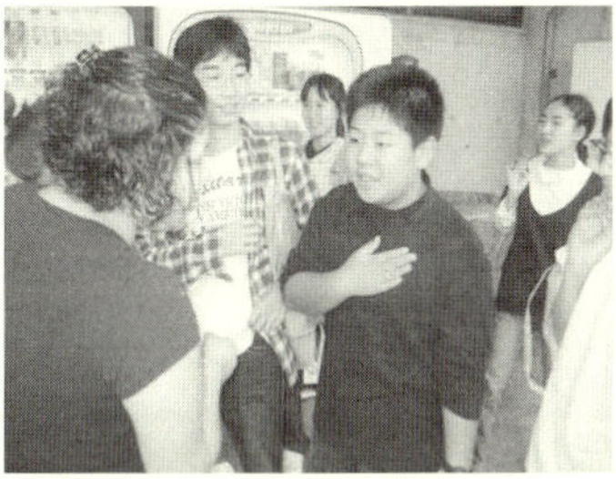

“I … Daisuke！”

その自己紹介の様子に私たちはびっくりしました。なぜなら彼はそう言いながら自分の胸に手を当てて，きちんと相手の目を見ていたのです。さらに“Nice to meet you.”と，にっこり笑顔で握手。英語そのものは，自分の名前だけを言っていたり，単語だけのところもあったりしましたが，その堂々とした態度は事前学習の時には見られなかったものでした。コミュニケーションはまず相手と親しくなりたいという関心，そして落ち着いて伝える態度が必要だということが，彼の姿からひしひしと感じられました。それは，大輔と同じ班の子どもたちも同様だったのでしょう，大輔の姿を見て，彼らも同じように落ち着いて話をし始めたのでした。

別の場面ではこんなこともありました。孝夫は，どちらかというと積極的にコミュニケーションを取るのが苦手な方です。朝，ファミリーとの出会いの場面では，孝夫はあまり前には出ず，同じ班の仲間が自己紹介などを進めていました。しかし夕方，ファミリーの方々と一緒にもとの場所へ帰ってきた時には，ずいぶんと彼の様子が違っていたのです。

ファミリーの小学生ぐらいの女の子が，孝夫にずっと話しかけていました。よく見ると，何度も何度も同じ事を話しかけているようです。それに対して，孝夫は全くいやな表情を見せずに，ちゃんと何度も答えを返していました。その女の子はとても嬉しそうで，彼は別れの間際までずっと彼女に寄り添っていたのです。後から孝夫に尋ねてみました。

「あの女の子と何を話していたの？」

「学校で動物のものまねを習ったから，日本語で何という動物なのか教えてほしいって言われて。それで，そのものまねを聞いて答えてたんです。」

幼い彼女が懸命に求めるかかわりに合わせて対応をした孝夫の行動が，とても印象的でした。

さて，年代も言葉も違う人たちと半日間をともにするのがこの８年生の単元ですが，７年生は別の形での交流体験をしています。

７年生の単元「平和公園に行こう」では，子どもたちが広島市の平和公園で外国の方に突撃インタビューをする場面があります。もともと「突撃インタビュー」というのは，６年生が修学旅行で訪れた京都で，海外の観光客に京都の印象などを英語でインタビューする活動からスタートしました。それと同様の活動を，７年生の単元にも位置づけたわけです。

初対面の人との，それも，外国の人とのコミュニケーションとなればなかなか気軽に出来るものではありません。さらには，アポイントメントなしで旅行者に声をかけるとなれば，大人の私たちでも勇気が必要です。６年生の時一度経験しているとはいえ，どの班もはじめは腰が引けてなかなかインタビューにいけませんでした。そんな中，俊之が思い切ってインタビューを始めました。“Excuse me, …”とはじめの一言が言えると，その後は自己紹介，そして考えていた質問が次々に出てきます。

“Where are you from ? ”（どちらから来られましたか？）

“How do you like Hiroshima ? ”（広島はいかがですか？）

離れて見ていた他のメンバーもそばによって来て，俊之と旅行者の方の会話を聞いていました。やがて，自分たちには聞き取りにくいネイティブの英語をメンバーで協力しながら聞き取ったり，うなずきを返したりしながら，結果的に俊之たちの班のインタビューは大成功を収めました。短い時間の中で平和や平和公園について意見を聞かせてもらい，最後は相手の方を囲んで班のメンバー全員で記念撮影までできたのです。

住む国は違っても，他者とのかかわりを嬉しく思う気持ちは，人として皆が持っています。そして，それは勇気を出してかかわっていって初めて解ることなのです。俊之たちの姿にそう強く感じたできごとでした。

このようにして，心の壁を乗り越え，コミュニケーションの第一歩を自ら踏み出し始めた子どもたち。それはこんな場面にも表れました。

2007年度の本学園の公開研究会でのことです。７年１組は国際コミュニケーション科の授業を公開しました。授業の内容は「デジタル絵本」作成に向けて，広島県の民話を英語に書き直したものを広島大学の留学生に発表し，意見をもらうというものです。班によって意欲に温度差がある中，準備段階で特にやる気が見られなかった聡志を含む10班を私たちは心配していました。うまく交流できるだろうか，しーんとして会話にならないのではないか…。

ところがこの日の聡志は別人のようでした。はじめ彼は，留学生の隣で座って自分の担当箇所を説明していましが，突然立ち上がってジェスチャーを交

えながら大きな声で話し始めたのです。この聡志の説明がきっかけとなって，10班の雰囲気が一変しました。留学生も楽しそうに意見を述べていて，あまりに熱心に意見を交流していたので時間があっという間に過ぎてしまい，準備していた説明が最後までできなかったほどでした。結局，10班は民話を留学生の方に持ち帰って読んでもらうことになり，後日，留学生から意見を書いてもらった民話が返送されてきました。それには色紙も添えられていて，日本語で「話を聞いてびっくりしました。勉強になりました。」と書いてありました。聡志たちの働きかけがこの嬉しい返事につながったことは言うまでもありません。

海外の方に英語で話しかけることと会話を続けることには，英会話の技術だけでなく度胸を必要とします。そして何よりも，実際にかかわることを通してのみ感じることができる，「人と人とのかかわり」の心地よさや温かさを経験することが大切です。国際コミュニケーション科の取り組みが始まった6年前の生徒は，このようなことはできていません。6年前の同じ学年の生徒は，留学生との交流の1か月前から緊張したり，不安を感じていたりし

ました。留学生に話す内容を必死で覚えていましたが，いざ当日になると，ぼそぼそとつぶやくように話すばかりでした。また，意欲があってもいざ留学生を目の前にすると腰が引けてしまい，結局はコミュニケーションの取り掛かりも教師が行う必要があったのです。

それが，６年間の研究開発を経て，子どもたちは確実に変容しました。

幼稚園から段階的に海外の方との交流を取り入れ，低学年から計画的にフェイス・トゥ・フェイスの直接交流やメールなどを介した間接交流などの取り組みを繰り返し,積み重ねました。沖縄でのショートステイのように「これはちょっと無理かな」と思うような単元も思い切って導入してきました。

冒頭で紹介した健太たちの班は，数が合わなくなったプレゼントでも，相手の家族構成が分かっていない出会いでも，楽しくショートステイを過ごしました。これまでの積み重ねの中で「せっかく国際交流するならしっかり楽しみたい」という気持ちを，健太たちは強く持っていたのだと思います。

彼らは，コミュニケーションの場面で「物怖じしない」「自分から積極的にかかわる」という力を得始めています。そうした方がより一層意義深いかかわりが持てると気づいた子どもたちが，その後さらに変容していく場面に私たちは何度も出会いました。

この力は，生きていく上でとても必要で大切なものでもあります。そしてまた，この力は海外の方との交流にとどまらず，日々の身近な人たちとのかかわりの質をも高めていくことへと発展するものだと私たちは信じています。

では，本学園ではこのような子どもたちを育てるために，どのような取り組みをしているのでしょうか。次節では，国際コミュニケーション科の学習を支える理論やカリキュラムについて述べていきたいと思います。

（松尾　砂織，風呂　和志，大和　浩子）

Ⅱ．国際的コミュニケーション能力を発揮する子どもを育てる

1．めざしている子ども

（1）研究経緯

これまでの研究から，国際的コミュニケーションを育む学習には「直接的交流」と「間接的交流」というコミュニケーションのあり方が，大事な視点であると考えている。21世紀を生きる子どもたちが，自国の文化を大切にしながら他国の文化を尊重しつつ，他国との好ましい関係を構築していく未来を想定した時，直接的交流と間接的交流の二つの視点は欠かせないものである。以下に少し詳しく述べる。子どもたちが他者と実際に会って，その場の雰囲気までをも共有しながらフェイス・トゥ・フェイスで交流する中で，考え方の違いや感じ方の違いを克服し，好ましい関係を構築していこうという意欲が培われていくことには間違いはない。しかし，そのようなフェイス・トゥ・フェイスの交流を日常的に行うことは，大変難しいのも事実である。多くの場合，他国の情報を得たり情報の交換を図ったりする場合には，情報交換のためのツールすなわちメディアが介在する。メディアの種類によって，どのように発信・受信をするかを考えることなしに交流学習は成り立たない。よって，直接的交流においても間接的交流においても「何をコミュニケーションしていくか」「誰とコミュニケーションしていくか」という視点を大切にしながら，その意欲とスキルを総合的に子どもたちに身につけさせていくべきである。つまり国際的コミュニケーション能力を育むための学習では，どちらかにかたよった内容ではなく，直接・間接両方の視点をもった融合的な学習内容を研究開発していく必要が出てきた。本研究の目的は，融合的な学習の単元開発，試行およびテキストの作成が必要であるだけでなく，それらをカリキュラム化したものを年間通して実施し，カリキュラム評価を通してその有効性を吟味することである。

（2）めざす子ども像

国際的コミュニケーション能力を育む学習を進めるために，１～９年には国際コミュニケーション科を設置し，幼稚園ではこれまで研究してきた国際交流の視点とマルチメディアの視点を持った保育を行うこととした。その目標とめざす子ども像を以下の表－１に示す。

表－１　目標とめざす子ども像

	全体	幼稚園	1～3年	4～6年	7～9年
目標	様々なメディアを介した体験や直接体験をもとに多文化への理解を深めるとともに，内容や質を吟味した情報を発信したり，相手意識を育んだりすることを通して積極的・実践的なコミュニケーション能力を育み，世界市民として生きる態度を育成する。	自国・他国の文化や人，またはさまざまなメディアに出会いながら，かかわることに楽しさや喜びを感じたり，興味や関心をもったことに対して自分なりの方法でかかわろうとしたりする。	自分をとりまく多文化存在に気付き，直接的・間接的に他者とコミュニケーションをとることでより広く自分以外の存在に目を向け，情報のやりとりにおもしろさを感じることができるようにする。	地域・国・時代など多文化とそれを築いてきた人々に親しみを持って接し，メディアを用いるなど様々な方法で相手の立場を考えながら積極的にコミュニケーションをとる中で，自分の生き方について考えはじめることができるようにする。	メディアの特性を理解し情報を吟味しながら，自国・他国の言葉や他の様々な方法を用いて主体的・積極的に他者とコミュニケーションをとり，ユニバーサルスタンダードの視点をもって自分の生き方を考え，発見することができるようにする。
めざす子ども像	様々なメディアや直接体験を通して多文化を理解するとともに，発信する内容を吟味したり，相手の立場に立って考えたりすることで，他者と豊かなコミュニケーションを築きながら，自分の生き方について深く考え，発見できる子ども	自国・他国の文化や人,また様々なメディアに出会いながら,好奇心とともに，かかわる楽しさや喜びを感じることができる子ども	・身のまわりの多文化に気づき，それらに関わる人々へ関心をもとうとする子ども ・関わる相手への思いをもち，メディアを使って情報のやりとりを楽しむ子ども	・多文化とそれらに関わる人々に親しみをもち，積極的に理解しようとする子ども ・目的意識をもってメディアを選択し，積極的にコミュニケーションをとろうとする子ども	・自国文化と他国文化の差異を理解しそれぞれのよさを尊重しながらよりよい関係の構築を求めて自分の考えを持ち表明しようとする子ども ・メディアの特性を理解し,明確な目的意識と相手意識をもってよりよいコミュニケーションのあり方を考え，積極的に情報を活用しようとする子ども

全体目標は「様々なメディアを介した体験や直接体験をもとに多文化への理解を深めるとともに，内容や質を吟味した情報を発信したり，相手意識を育んだりすることを通して，積極的・実践的なコミュニケーション能力を育み，世界市民として生きる態度を育成する」である。この目標をもとに，３

年間ごとの学年ブロックで具体的な目標とめざす子ども像を設定している。

2．身につく四つの力

これまで述べてきたような国際的コミュニケーション能力を身につけさせるために，実際に外国の人と交流する学習やメディアの特性や情報の受信・発信に関する学習などを積み上げ，結果として以下の四つの力を「つけたい力」として設定するに至った。

① 日本文化の理解

② 様々な文化の理解

③ 読みとることを中心としたコミュニケーション

④ 伝えることを中心としたコミュニケーション

これら四つの力は２分野からなり,「多文化理解」と「実践的コミュニケーション能力の育成」に分けられる。以下，図－１にそれを示す。

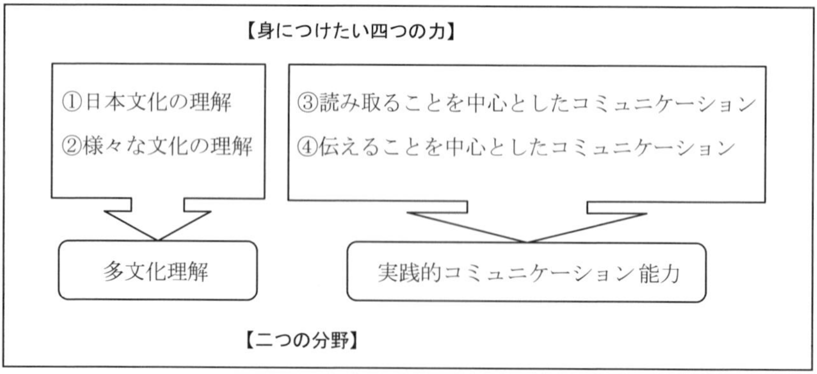

図－１　身につけたい四つの力と二つの分野

図－１中の①②は，「多文化理解」を中核に据えた学習を通してつけたい力である。子どもたちは，メディアを介した間接交流や直接的に人とかかわる交流学習を通して，自国･他国の人や文化と出会い，かかわる経験を積む。その中で子どもたちは，自分をとりまく多文化の存在に気づき，積極的にコミュニケーションをはかろうとすることで，より広く自分以外の存在に目を向け，やがては自分の生き方や考えを発見することができるようになると考えた。図－１中の③④は，「実践的コミュニケーション能力の育成」の学習を通してつけたい力である。21 世紀の社会の中で生きる子どもたちは，様々な国の人々，様々な年代の人々と対話し，豊かな関係を築きあげていく能力を身につけることが必要となる。具体的には，ボディーランゲージや，絵，写真，文字，英語などを，様々な相手との直接的，間接的なコミュニケーションの場で効果的に活用する力や，それを通して他者の考えを読みとる力が必要であると考えた。

３．カリキュラムとその特質

（１）カリキュラムの特徴

国際コミュニケーション科の学習カリキュラムの特徴は，コミュニケーションを核とした単元・題材が多いことである。さらに，国際交流の視点とマルチメディアの視点を併せ持つ融合単元の開発を進めるうちに明らかになったことがある。それは，多種多様な価値観・考え方を受け入れ，他者と積極的に関わりながら学習を進めることで，コミュニケーション能力は，飛躍的に向上してくるということである。表－２は１年から５年の７月実施の一部抜粋である。単元配列については，低学年ほど細かく単元を分け，短時間で達成できる学習を意図的に組み，系統的に学習が進むように配慮されている。

表－２　国際コミュニケーション科のカリキュラム（７月までの一部抜粋）

学年		4月(2or3)	5月(3)	6月(4)	7月(2)
1	G	1G-1. はじめまして(2) Greetings.	1G-2. 世界の色いろいろ(3) Let's play with colors.	1G-3. 身体を使って遊ぼう(4) Let's move our bodies.	1G-4. 数で遊ぼう Ⅰ(2) Let's play with numbers.
	M				
2	G	2G-1. 今の気分は？(3) How are you?	2G-2. 動物園へ行こう(3) Let's go to the zoo.	2G-3. 一緒に遊ぼう(4) Let's move and play together.	2G-4. お話を聞こう(2)
	M				
3	G	3G-1, 自己紹介し合おう(3) I'm～～.	3G-2. 好きな動物(3) What animal do you like?	3G-3. 好きな食べ物(4) What's your favorite food?	3G-4. 好きなスポーツ(2) What's sport do you like?
	M				
4	G	4G-1. ひさしぶり(3) Greetings.	4G-2. ミニ英語劇をしよう Ⅰ(3)	4G-3. ミニ英語劇をしよう Ⅱ(4)	4G-4. 英語劇をしよう(17)
	M	4M-1. みんなで使うPC教室～自己紹介カードを作ろう(3)	4M-2. インターネットで調べよう(3)	4M-3. ネットの先にあるもの(2)	4M-4. テレビ会議システムを使ってみよう(4)
5	G	5G-1. 尋ねてみよう(3) ～Welcome to our school Ⅰ～	5F-1. 外国の方に学校を案内しよう　～Welcome to our school Ⅱ.～(18)		
	M	5M-1. みんなで使うPC教室～自己紹介カードを作ろう(3)			

（2）評価方法の確立へ向けて

開発した単元・題材・カリキュラムを継続的に実施することと同時に求められるのが，評価とその学習効果である。評価方法の確立へ向けて現在行っている具体例をいくつか次に挙げておく。主に幼稚園で行っているのは，子どもたちの姿を記録として書きため，そこから子どもの変容を見取るエピソード評価である。小学校と中学校で行っているのは，ルーブリックを作成して評価するルーブリック評価，あるいは作品やまとまった学習記録を評価するポートフォリオ評価である。

（3）評価の観点

これまでの研究成果や課題をもとに，国際コミュニケーション科では，次の四つの評価の観点を設けている。それは「世界市民としての関心・意欲・態度」「世界市民としての思考・判断」「世界市民としての表現・技能」「世界市民としての知識・理解」である。これらの評価の観点は，既存の教科に設定されている四観点を下敷きとしながら，ユニバーサル・シティズンシップを身につけた子どものあるべき姿とはどのようなものかを考え，具体的な姿として描き出したものである。まず，「世界市民としての表現・技能」「世界市民としての知識・理解」は，日々の授業の中で子どもたちが習得していくべき基礎的事項である。これらをもとに，交流活動を通しながらコミュニケーション手段を選択したり，知識を活用したりすることで，交流に関する課題の解決にむけた力，すなわち「世界市民としての思考・判断」の力を身につけることができる。そしてすべての学習を行う際に大切なのは，自分を取り巻く社会への関心やコミュニケーションに対する意欲など「世界市民としての関心・意欲・態度」である。設定したこれら四つの評価の観点とこれまで研究開発してきた評価方法との整合性を確かめ，実施した単元の有効性を検証することが必要である。

（国際コミュニケーション学習開発部会）

Ⅲ．国際コミュニケーション科（学習）の保育・授業実践例

国際コミュニケーション学習

たのしいね～！

実践事例①「国際交流の視点より」　（3歳年少）

こうして育てる！
国際的コミュニケーション能力

① 友達や留学生，保育者と一緒に好きな遊びを楽しむ。
② 留学生や友達と一緒にリズム遊びをしたり外国の絵本を読んでもらったりして，いろいろな人や文化との出会いを楽しむ。

「おはようございます。」

「レッツ　ダンス！」

自然に遊びに交じり合い

「ゆきがふってきました。」

■ この活動はこうして進めた！

交流前日まで

子ども
- 留学生にビデオレターを送る
- 留学生からのビデオレターを見る

留学生
- ビデオレターを見る
- 保育者と打ち合わせ　交流当日の活動について
- ビデオレターの返事を送る

交流当日（好きな遊びをする時間）

子どもと留学生

- 登園する

主な遊び　▲環境構成

おにごっこ
▲お面

秋の実でアクセサリーづくり
▲様々な木の実
▲ひも　ヒートン
▲マジック
▲穴あけ機
▲つまようじ

リズム遊び
▲カセット
▲CDデッキ
▲ポンポン
▲すず
▲お面

- 片付ける

交流当日（まとまった活動をする時間）

リズム遊びをしよう
▲カセット▲CD▲CDデッキ▲ポンポン▲すず

- Head Shoulders Knees And Toes

おもしろ～い！
だんだんはやく
なるよ！

エアロビクスミタイ
デス。
タノシイデスネェ！

- どんぐりたいそう

外国の絵本の読み聞かせを聞こう
▲スペインの絵本

- 降園する

交流後

留学生
- 子どもたちにお礼のビデオレターを送る
「ミナサン，タノシカッタデス。アリガトウ！」

子ども

Aさんからのビデオレターだ！
やったー！うれしい！
またあそびたいなぁ。

「実践の効果」をあげるための三つのポイント

POINT① はじめての出会いはビデオレターで！

■ 交流当日までに，保育者と留学生が楽しそうにやりとりをしているビデオレターを数回見て，交流への楽しみな気持ちを持たせる！

12月。広島大学の留学生と交流することを子どもたちに話した。4月入園以来3回の交流を経験している。1回目は前日に「明日は広島大学から外国の先生が遊びにきてくれますよ。」とだけ伝えた。すると当日，話しかけられても何も答えず困った表情になったり，握手を求められても手を引っ込めたりする様子が見られた。しかし，一緒に過ごすうちに次第にうちとけて笑顔が出るようになった。2，3回目も同じ方との交流だったので子どもたちも嬉々としてふれあっていた。しかし，この度は会ったことのない留学生である。なめらかな出会いをさせることで，いろいろな人とかかわる楽しさを味わわせたかった。そこで，「ビデオで『待ってますよ！』っていうお手紙を出そうか。」と子どもたちに提案した。すると，「お手紙」という言葉にあこがれたのか「出したい出したい。」という返事が返ってきたので，子どもたちからの「遊びに来てください。まっていまーす！」という内容のビデオレターを留学生に届けた。そのときに留学生に「あなたたちのことをビデオにとって子どもたちに見せたい。」と頼み，保育者と一緒にビデオに映ってもらった。それが子どもたちへのビデオレターになった。その中には慣れ親しんだ保育者と初めて見る留学生がにこやかに子どもたちに話しかけ，手を振っている。交流までに数回そのビデオレターを見た。見るたびに子どもたちは「きゃーっ！」と興奮状態になった。そして，画面の留学生をそうっとさわりにくる子もいた。それほど興味を持ったようだった。

POINT② 朝から一緒に遊ぶ！

■　いきなり設定された活動をするより，朝の子どもたちの生活に自然に加わって遊んでもらうことで，より親密度が高まる！

普段は登園したらほとんどの子が外へ遊びに出るのだが，交流の日は外に遊びに出る子はほとんどおらず，保育室で好きな遊びをしながら留学生たちを待っていた。この日に交流する留学生たちは，ケニアの家族（男性，女性，１歳の男の子）とスペインの男性の合計４人だった。留学生たちが園にくると元気にあいさつをする子や様子を伺っている子など様々ではあったが，どの子も嬉しそうな表情で迎えていた。個々が自然にあいさつを交わし，留学生に「何をしているの？」と聞かれると「ネックレスを作ってるの。」などと言って自分がしている遊びを教えていた。１歳の子に対しては，ごく自然に手をひいて遊びに誘う姿が見られた。幼稚園では自分たちが一番年下で手を引くことなどないのだが，１歳の子の前に出るとお兄さんお姉さんになるようだ。日本人でないことなど関係ないという自然な姿がみられた。そうするうちに子どもたちと留学生たちが自然に混ざり合って園庭で遊び始めた。しばらくして，全員保育室にもどりリズム遊びをした。そのときにはお互いにすっかり打ち解けて，楽器を片手に全身を動かせて，本当に楽しそうに一緒に遊ぶ姿が見られた。みんな笑顔だった。

POINT③ 絵本の読み語りは母国語でしてもらおう！

■ 読み手の留学生の母国語で絵本を読んでもらい，その国の雰囲気にひたろう！

直接交流の共通言語としては英語が主流になっているが，私たちの交流は英語を教えるためのものではないので，なるべく留学生の母国語で絵本を読んでもらうことにしている。全く聞いたことのない言葉であるが，これからの社会を考えたとき，幼児のうちから多文化にふれることで，異国の文化を違和感なく受け入れられる土壌が培われると考えている。このたびの交流ではスペインの物語をスペイン語で読んでもらった。雪がどんどん降っていくとき，家の中で興奮する子どもたちの様子を描いた絵本だった。留学生本人も少々照れながらではあったが，一生懸命読んでくれる姿や絵や言葉を28人の子どもたちはじっと見て聞いていた。

この実践における「教育的効果」を考察する！

1．子どもたちへのビデオレターに，留学生たちと普段からよく知っている保育者とがにこやかに子どもたちへのメッセージを入れたことで，直接会ったこともない留学生たちに対し，子どもたちは親近感を持ったようだ。さらに，そのビデオには1歳の赤ちゃんも登場してくるので，何度もみるうちに早く会いたい気持ちが湧いてきて，実際の交流がとても待ち遠しくてたまらなかったようである。登園してから保育室の入り口に何度も来て「Aさんたちまだ？」と聞く子がいた。「Aさんたちがきたよ！」というと，入り口に向かって意気揚々と走ってきて顔を出すたくさんの子どもたち。ビデオレターの利用とその取り扱い方により，子どもたちの留学生へ対する壁が低くなり，とてもスムーズな出会いができた。

2．交流当日留学生たちには，全員でまとまった活動であるリズム遊びをする前，つまり，登園して普段どおり遊んでいる子どもたちの中に自然に入っていってもらった。子どもたちは，好きな遊びをする時間の中で自然に留学生とのふれあいを持つことができた。留学生の手をひいて「こっちこっち！」と自分の好きな遊びに誘う姿もあちらこちらで見られた。このことが，あとのリズム遊びをより楽しいものにさせたと感じている。この交流がいきなりまとまった活動のリズム遊びから入ると，躊躇する子どもたちの姿があちこちで見られたと思われる。また，留学生との事前の打ち合わせにより，まとまった活動をこの時期の子どもたちに興味があり無理のないものにしたので，当日は非常に盛り上がった。後日の保育の中でも留学生が教えてくれたリズム遊びを口ずさむ子が何人もいた。また，普段の保育の中にも時折取り入れ，楽しむこともできた。

3．母国語での絵本の読み聞かせについては，私自身が生のスペイン語を初めて聞いて，感動で鳥肌が立った。いろいろな思いをもって日本にきてこうして幼稚園で絵本を読んでいる留学生を見ると，世界がとても身近に感じられとても不思議な気持ちだった。子どもたちもじっと聞き入っていた。子どもなりに何かを感じていたのだろう。保育者自身も心から感動を味わうことで，本物に出会うことの大切さを実感できた。

4．この年は８回の留学生交流を行った。こういう直接体験をした子どもたちが進級して，新しい学年で初めての留学生交流を行ったとき，子どもたちは初めて出会う留学生でも躊躇することなく，ごく自然に遊ぶ姿が見られた。このことからも，初めての出会いを大事にすることと回数を重ねることがいかに大切かということを改めて考えさせられた。

（掛　志穂）

国際コミュニケーション科

学校の不思議を伝えよう

実践事例②　（４年）

こうして育てる！
国際的コミュニケーション能力

① 調べたことを分かりやすく伝えることができるようにする。
② 様々なメディアの特徴を理解できるようにする。
③ 双方向に情報を伝え合うことの大切さに気づくことができるようにする。

■ この単元はこうして進めた！

- メディアの特徴に対して関心を高め
- 他者意識を育みながら
- 双方向に情報を伝え合うことの大切さに気づかせる

第1次　メディアの選択　（1時間）

・メディアって何だろう？

身近なメディアの特徴にふれておく！

・2年生さんに『学校の不思議』を伝えるなら
　どのメディア？　→グルーピング

第2次　不思議調べと発表準備　（4時間＋課外）

1，担当する『学校の不思議』決定
2，調べ活動
3，発表準備

大人から教えてもらったことを年下の者に伝える難しさに気づかせる！

第3次　2年生さんへの発表会　（2時間）

・ラジオグループ：4年生教室から2年生教室へ
　ミニFM放送
・ビデオグループ：2年生教室で教師がスクリーンへ
　投影
・新聞，手紙，パンフレットの各グループ：事前に2年生
　担任へ届けておき，当日配布
・テレビ電話グループ：PCとWeb会議ソフトを利用し，
　2年生教室⇔4年生教室間で受け答え
・インターホングループ：2年生教室⇔4年生教室間で
　受け答え

4年生には2年生教室の後ろから2年生の様子を観察させる！

第4次　振り返り　（1時間）

1，振り返りカードへの記入
　・次に2年生へ発表するとしたらどのメディアを
　　使いたいか
　・情報の受け手にとって良いと思われるメディアは
　　どれか
2，学級全体で意見交流

「同期型メディアなら質問してもらって答えることができる」というよさを実感できるようにする！

「実践の効果」をあげるための三つのポイント

POINT① 情報の受信者を年下の者に設定する

■ 年下の相手に伝えるのであれば，調べたことを分かりやすく伝えるための工夫が考えやすくなる！

情報を伝える際には，誰に伝えるのかを明確にすることが重要である。ここでは，伝える相手を年下の低学年児とすることで，情報を分かりやすく伝えようとする意識をより高めることをねらった。２年生であれば学校にも慣れ始めているので，『学校の不思議』に気づきやすいと考えられる。

授業においては，弟や妹，縦割り班での２年生とのかかわりなどを想起させたことにより，子どもたちは「この言い方で分かるかな？」，「写真があるといいね。」などと相談していた。また，「文字は大きい方がよいけれど，紙が大きくなるから２年生さんは持ちにくくて読むときに大変だよね。」と，用紙の大きさを検討するグループもあった。

POINT② 「メディアとは何か」をおさえる

■ 分かっているようで曖昧なカタカナ語。子どもの身近にある「メディア」とその特徴に気づかせておく！

メディアとは情報媒体のことであり，近年では子どもたちが耳にする機会も増えてきている。しかし，授業でメディアとは何かと尋ねると返答に困る子どもが多く，電気製品であり授業で用いることが多いデジタルカメラやパソコンを挙げる子どもが数人いる程度である。

そこで,「手紙もメディアだよ。」と電気製品だけではないことを話したところ，子どもたちからは新聞やパンフレットなどが出てきた。また，テレビやビデオ，ラジオも出てきたので，双方向に情報を伝え合うことができるインターホンやテレビ電話を使った経験を交流させながら，特徴を比較した。

POINT③ 子どもに扱わせるメディアに同期型メディアを採り入れる

■「自分たちさえ知らなかった不思議を伝えるのは難しい！」ことから，双方向にコミュニケーションできるよさを感じ取らせる！

自分たちが知らない学校内の不思議であるから，年上である教職員に質問して,直接教えてもらうことになる。教職員の説明が難しくて理解できなかったとしても，face to faceのコミュニケーションであるからすぐに聞き返すことができる。しかし，自分たちがメディアを介して年下の２年生に説明するとなると，理解してもらえるのかが心配になったようである。

子どもたちが扱ったメディアには，インターホンやテレビ電話のように４年生と２年生の双方がその場で情報を発信できる同期型のメディアと，新聞やパンフレットのような非同期型のメディアがあった。同期型のメディアを選んだ子どもたちは,発表の終わりに２年生から質問を受けることにしたり,質問されたときのために回答例を準備したりするなど，同期型メディアの利点を活用していた。このような姿に刺激を受けて，新聞やパンフレットのような非同期型のメディアを選んだ子どもたちも，「質問があったら聞きに来てね。」と書き加えるなど，発表会の後に双方向コミュニケーションを行うきっかけを作っていた。

この実践における「教育的効果」を考察する！

1.「調べたことを発表するときに使いたいメディアは何か」を学習前に調査したところ，子どもたちが最も多く選んだのはビデオであった（表－1参照)。ビデオの選択理由としては，映像と音声の両方を同時に発信できることを挙げているものがほとんどであった。また，新聞，手紙，パンフレット，テレビ電話については，図や写真，実物を見せることができるという理由がほとんどであった。一方で，インターホンを選択した3名のうちの2名が，「声だけでどれだけ伝えられるか確かめてみたい」「伝えるのが難しそうだから」と，音声だけでは難しそうであるという回答をしていた。これらのことからすれば，学習前の子どもたちにとって「分かりやすく伝える」ための工夫とは，文字および音声言語に加えて図や映像を用いることであると考えられ，双方向に情報を伝え合うことの大切さは意識していないようであった。

表－1　発表で使いたいメディアの推移

	メディア	学習前	学習後
非同期型	ラジオ	4	4
	ビデオ	15	5
	新聞	5	1
	手紙	3	1
	パンフレット	4	4
同期型	テレビ電話	4	7
	インターホン	3	18

（全38名。「学習後」には複数回答者2名を含む。）

表－2　受け手によいメディア

非同期型	ラジオ	0
	ビデオ	3
	新聞	1
	手紙	1
	パンフレット	5
同期型	テレビ電話	8
	インターホン	20

（全38名）

学習後，「調べたことを発表するときに使いたいメディアは何か」を再度調査した（表－1参照)。学習前と後の回答を比較したところ，同期型メディアであるインターホンとテレビ電話を選択した子どもの人数は学習前よりも増加していた。また，授業後の調査における同期型メディアの選択理由には，２年生からの質問が聞けるという内容を記述した子どもが10名いた。学習後の調査では複数回答を行った子どもが２名いたが，２名ともインターホンとテレビ電話を選択しており，その理由に「質問が聞ける」と書いていた。これらのことから，学習によって双方向に情報を伝え合うことの大切さを感得できた子どもが増えたものと考えられる。加えて，「２年生にとって良いと思われるメディアは何か」を尋ねたところ，表－２のような結果であった。この結果を表－１中の学習後の調査結果と比較すると，伝える相手を意識させた場合には同期型メディアを選択する子どもがさらに増えることが分かる。

2．学習後の調査においてインターホンやテレビ電話を選択した子どもたちの中には，その理由として「楽しそう・やってみたい」という興味に基づいていると考えられる回答をした子どもが８名いた。これらの回答は相手意識が直接表現された内容ではないが，同期型メディアでは離れた場所にいる相手と双方向にコミュニケーションが行えたことへの感動によるものであると考えられることから，双方向に情報を伝え合えるよさを感じていると言えよう。

一方で，同期型のメディアであっても，学習後にテレビ電話を選択した子どもの増え方はインターホンと比べて少なかった。これは，テレビ電話を選択したグループが，発表時に分かりやすく伝えようとして練習時よりも大きな声で話したために，スピーカーから出る声が割れてしまって聞き取りづらかったことが理由であると考えられる。テレビ電話を選んだ子どもの半数が質問してもらえることを選択理由として記述していることから，メディア機器の基本的な操作に慣れる時間を増やすことで，双方向に情報を伝え合うことの大切さに気づく子どもがさらに増えると期待できる。

（三田　幸司）

国際コミュニケーション科

広大へ行こう
～ Let's visit Hiroshima University ～

実践事例③ （6年）

こうして育てる！
国際的コミュニケーション能力

① 世界各国から来られた留学生との交流を通して，多文化理解を深める。

② 世界各国から来られた留学生との交流を通して，英語やジェスチャーなどを駆使しながら実践的なコミュニケーション能力を育む。

③ 留学生に喜んでもらえる，交流記念のDVDを制作することを通して，情報の活用と発信の力を育む。

④ 一泊ホームステイで家庭でも身近な国際交流の体験ができるようにすることにより，保護者の理解を深める。

■　この単元は こうして進めた！

小学校へお迎えして交流

第１次　留学生の方をお迎えして日本について紹介しよう（出会い）（10時間）

- 笑顔で出会えるために使いたい簡単な英語を学ぶ
- 日本について紹介する準備
- お迎え交流会
- ふり返り

- ビデオ撮影準備（編集に使いたい場面などを予想しながら）
- 交流会での撮影

課外：一泊ホームステイ

広島大学へ訪ねて交流

第２次　留学生の方の国について学びに広大へ行こう（再会）　（8時間）

- 再会の場面で使いたい簡単な英語を学ぶ
- 交流相手の国について調べ学習をする
- 訪問して交流会
- ふり返り

- ビデオ編集の方法について学ぶ

交流記念DVD制作

第３次　交流記念DVDを制作しよう　（12時間）

- 3 分間の DVD に編集するために使いたい場面を選ぶ（相手に喜んでもらえる場面を中心に）
- 場面をつなげ音楽や文字，効果などを挿入
- 途中鑑賞会で友達からのアドバイスをもらい，改善
- 2 回の交流を終えた感想（30 秒メッセージ）を撮影し，エンディングとして編集
- 完成鑑賞会とふり返り

「実践の効果」をあげるための四つのポイント

POINT① 交流は１回きりで終わらせない！

■ 「自分の学校へ招いて日本を紹介」「相手の学校へ訪ねて行き異文化体験」という，立場や場所を変えての直接交流を仕組む。

交流活動はできるだけ１回限りで終わらせないこと。同じ相手と続けて出会うことにより，親しくなった分，相手への思いも深まり言葉の壁を乗り越えた様々な感情が子どもたちの心に残る。お互いに招き合うという２回の交流活動を仕組むことにより，自分のところに来てもらうからには，何かしらの日本らしさ，日本を好きになってもらいたいという動機を子どもたちに持たせることができる。

POINT② 簡単な英語で大丈夫！一緒に何かをする中で繋がり合える！

■ 相手と一緒に活動できる日本らしさを考えさせる。

活動は，一緒にできることを考えさせる。例えば，白玉だんご，おにぎりなど食文化，たこあげ，習字，双六などがよい。簡単な英単語を調べさせたり,「おいしいですか？」「一緒にやりましょう」など，活動を円滑にするために使いたい英語を覚えさせたりした。必要感があることは子どもたちを真剣にさせる。

POINT③ メディアを活用した国際的コミュニケーション能力を育てる！

■　相手に喜んでもらえる記念品としてDVDの制作に取り組ませる。

撮影・編集は子ども自身にさせることで，相手に伝えたい自分の思いを子ども自身が見つけるようになる。さらに，「相手がこれを，どこで誰と観るか」「これを観てどんな気持ちになってほしいか」「自分の思いは伝わりやすい内容か」などの視点を与えながら学習を進めることにより，子どもたちは様々な工夫を加えながら制作していくようになる。交流という直接的な国際的コミュニケーション能力を育むと同時に，メディアを活用した間接的な国際的コミュニケーション能力をも育むことができるのである。

POINT④ 一泊ホームステイで保護者も巻き込んだ国際交流！

■　小学校で交流後，そのまま日本の家庭で一泊ホームステイを企画することで，広く保護者にも理解を深めてもらうことができる。

一泊ホームステイは，学校で育んでいる国際的コミュニケーション能力とは何かを，家庭での身近な国際交流の場を通して保護者にも理解を深めてもらうことができる。全学年の保護者対象に呼びかけると，可能性はさらに広がるであろう。学校と家庭とが一体となった取り組みを継続させていくことも大切である。

この実践における「教育的効果」を考察する！

1．お互いの文化を紹介し合うというテーマをもった２回の交流活動，同時にその様子を映像にして相手にプレゼントするという活動を平行して行ったことは，子どもたちに常に海外の方とのコミュニケーションのとり方について考えながら学習することに繋がった。

お互いの文化紹介を通して交流するよさ

「交流相手の自国文化を紹介してくれるのだから，自分たちもしっかりしなければ。」「日本が好きになってほしい。」「来てよかったと思ってほしい。」こんな気持ちをもって，子どもたちは日本らしさ（文化）を探し，それをどの様に紹介すれば，相手が喜んでくれるかを考えようとした。普段はあまり気に留めて生活していなかったが，ここで改めて自国の文化について考える機会となった。また，相手はどんなことを紹介してくれるのかという異文化体験への楽しみを持ちながら学習を進めていくことができたのである。

一緒にできる活動を仕組むよさ

子どもたちにとって初めは言葉の壁は高いと感じられたはずである。最低限必要であろうと思われる簡単な単語やフレーズは覚えていたものの，実際の交流場面ではそれだけでは通用しない。しかし，交流は実に和やかに進んでいったのである。一緒に活動する内容であったことから，子どもたちは，指さしたり実際にやってみせたりなど，ジェスチャーを使うこと，相手の表情をみながら活動することを進めていった。笑顔もたくさんみられた。相手もまた同様で，子どもたちに，簡単な英語や分かりやすいジェスチャーで，自国のお金，言葉，遊び，写真などを教えてくれたのであった。事後の感想に，「言葉が分からなくても何とかなるものだと思った。」「相手が笑顔でいてくれたら，自分も笑顔になれた。」などの記述がみられ，国際的コミュニケーション能力は言葉だけではないことが実感できたようである。しかし一方で，「通じる言葉が話せたら，もっといろいろできた。言葉(ここでは英語)が話せるようになりたいと思った。」という感想もあった。これは当然の感情である。同時に，これこそが日本語以外の言語習得の意欲に繋がっていくと考える。

交流の様子を自分たちで撮影・編集することのよさ

この活動は，相手への思いを深めさせることに強烈に繋がった。グループ（子ども５人と留学生１人）毎に，撮影係の子どもを中心として，どんな交流シーンを撮影しておきたいか，実際の映像を見て使えるところ，次回の交流で撮影しておきたいシーン，撮影の角度，被写体の大きさなど様々な話題が話し合いの中に出てきた。これらは全て，相手に喜んでもらうためという気持ちが根底にあった。実際の編集場面（今回は３分間の映像にまとめた）では，編集ソフトを使って行い，様々な機能に驚きつつもそれが自分自身で使えるようになる面白さを味わった。さらにこれらを効果的に使ってどうまとめるかを考え，仲間とお互いに見せ合い，アドバイスをし合うことも積極的にした。「日本語よりは，英語の方が通じるんじゃない？」という仲間からのアドバイスから，相手が分かりやすい表現についても追求していく姿がみられた。

2．来日して間もない留学生の方々であることもあり，日本での家庭生活は新鮮な異文化体験となる。また，受け入れた日本のホストファミリーにとっても，これまた貴重な体験となったようである。夕方から翌日の16時までという短い時間であったが，解散場所の学校では，別れを惜しんだり再会を約束したりする家族の姿がみられた。これをきっかけに，祭りに招待したり，メール交換をしたりと，交流が続いている家族もある。このように，保護者も巻き込んだ国際交流を継続していくことにより，学校で子どもたちが学んでいることが，家庭でも実感でき理解を深めることに繋がっていくと考える。

（岡　芳香）

国際コミュニケーション科

平和公園へ行こう

実践事例④　（７年）

こうして育てる！
国際的コミュニケーション能力

① 平和について関心を持つとともに，平和公園を通してさまざまな立場の人と進んで意見を交流するようにする。

② さまざまな人の考えを相手の立場に立って受け入れるとともに，平和に対する共通する考えを見出せるようにする。

③ 相手の考えを聞いたり，自分の意見を伝えたりするためのまとめ方や話し方，書き方を身につけるとともに，相手の立場に立った工夫ができるようにする。

④ プロジェクト学習における役割を理解し学習を進めるとともに，相手の意見を聞いたり自分の意見を伝えたりするための話し方や書き方の知識を身につけるようにする。

■　この単元は こうして進めた！

自己認識

第１次「私と平和，私たちと平和公園」 2時間

- ○コンセプトマップをかこう ☜POINT①
- ○コンセプトマップを交流しよう
- ○アンケートで調査しよう

課題設定と追求

第２次「テーマを決めて調べよう」 8時間

- ○テーマを決めよう
- ○役割を決めよう
- ○ポスターの書き方を学ぼう

発表

第３次「ポスターセッションをしよう」 6時間

- ○ポスターセッションのやり方を学ぼう
- ○ポスターセッションをしよう ☜POINT②

平和公園で学ぶ

第４次「平和公園へ行こう」 8時間

- ○平和について突撃インタビュー
- ○学んだことをまとめよう

まとめ

第５次「私にとって平和とは」 2時間

- ○コンセプトマップをかこう ☜POINT①
- ○平和に対する考えの変化を見つめよう

「実践の効果」をあげるための二つのポイント

POINT① 一人ひとりが平和に対する意見を持つようになるための自己評価活動

■ 学習の前に「平和」についてコンセプトマップを書いておく。学習が終わった後に書いたものと見比べれば，自己の変容をとらえることができる。変容の認識が学習に対する動機づけになる。

コンセプトマップ（図－１）はある事象に対する見方･考え方を視覚化し，整理しやすくするための思考ツールである。本実践は，一人ひとりが平和に対する意見を持たせることが大きな目標である。目標の達成のためには生徒自身が平和に対する見方・考え方を整理することと学習後にどのようにそれが変わったかをとらえる必要がある。そこで単元学習の前後でそれぞれコンセプトマップを書かせ，二つを生徒自身に比較させた。言葉の数や形の変化に加えて，言葉そのものや結んだ線の説明に学習の成果が表れることが多い。

コンセプトマップの書き方は事前に指導しておく必要がある。ただし，一度行うと次からの指導は不要である。本実践では平和に対して思い浮かぶ言葉をあげさせ，それらを自由に線で結び構造化した。また，結ん

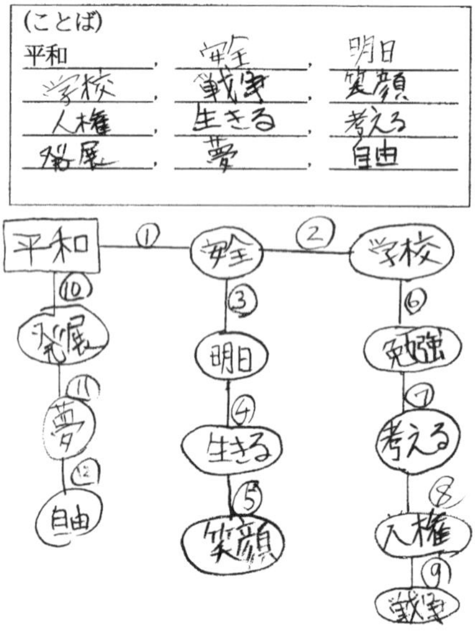

図－１　生徒が書いたコンセプトマップ

だ線には説明を書かせた。コンセプトマップを書く時間は15分程度で，言葉の量を増やす努力は不要である。あくまでも自由に，思いつくままに書かせることが大切である。また，友達のコンセプトマップと見比べさせるのもおもしろい。コンセプトマップの形や言葉，説明が自分のものと違うほど，相手に対する新しい発見が生まれてくる。自己発見と同時に他者理解にもつながる。ぜひ学級内でのコンセプトマップの交流を実践して欲しい。

POINT② ポスターセッションで実践的なコミュニケーション能力の育成

■　繰り返しポスターセッションを行うことで，自分の意見を伝えるための話し方ができるようにする。

ポスターセッションを実践的なコミュニケーション能力の育成の場とするためにはそのルールを全員が理解する必要がある。特に「発表を聞いている人は，分からないことや疑問に思うことがあるたびに，質問をしてもよい。質問者のどんな質問にも発表者は，答えなければならない。」というルールが大切である。相手に応じて話す内容を判断し，相手にわかりやすく自分の考えを伝えることはなかなかできることではない。日常生活の中で生徒たちはこのようなことを意識して相手と話しているとはいえない。そこで，ルールが決まった状況の中で話したり，聞いたりする学習の場を設定した理由である。

発表用の原稿は一応作成するのだが，相手の質問内容までは予測できない。したがって，自分たちの調べ学習に対する深い理解と相手の質問内容を把握しわかりやすく説明するという実践的コミュニケーション能力が必要となる。実際，わかりやすい発表や説明ができているポスターの前には人だかりができる。これは，「聞き手は興味のあるポスターの前に自由に移動してよい」というルールによる現象であり，ポスターだけでなく発表者のコミュニケーション能力がその場で評価された結果である。経験もないのに初めからコミュニケーション能力が高い生徒もいるが，多くの生徒は当然そうではない。そこで，さまざまな機会にさまざまな相手を対象にポスターセッションを行い，経験させることでコミュニケーション能力の育成を図ることにした。本実践では，初めに班の生徒で練習し，次に学級内と学年内，そして最後は９年生に対してポスターセッションを行った。他学年に発表することで同学年とは違った視点から質問や助言をもらうことができ，大変有意義であった。さまざまな人から質問してもらうことでコミュニケーション能力は確実に高まっていくだろう。対象者として保護者や地域の方，外国からの留学生も考えられる。

ポスターセッションのようす（左：学年内，右：９年生対象）

この実践における「教育的効果」を考察する！

1．学習前のコンセプトマップを調べると約80％の生徒が原爆や核兵器のことを想起していた。また，原爆や核兵器を想起した生徒全員が広島のことも想起していた。このことから多くの生徒にとって平和と原爆の結びつきは平和と戦争のそれと同じことを意味していることがわかった。広島に住む者として当然の結果であるかもしれないが，これはすばらしいことだと思う。このような生徒たちであるので，実践による教育的効果は単純に前後の言葉数の変化ではとらえられなかった。しかし，その質はかなり変化していた。例えば，「平和公園→鶴→戦争→原爆」と書いた生徒が事後では「平和公園→鶴→佐々木禎子さん→原爆症」と書いていた。はじめは抽象的で漠然とした概念が，学習を通して原爆症で苦しみながらも回復への願いを込めて鶴を折り続けた佐々木禎子さんを具体的にイメージできるようになった例である。他にも，平和資料館で見学した具体的な遺留品や被爆後の広島の復興について書いている生徒も増えた。広島県に住む者として平和公園を通して平和を語るための具体的な何かをつかむことができたと考えられる。

2．実践を行った学年は他者に自分の思いや考えを伝えることに得意意識を持っている生徒は多いとはいえなかった（2007 年６月実施，対象者 81 名，５段階尺度，肯定的回答 29 名，否定的回答 27 名，どちらともいえない 25 名）。広島に住む者として平和について原爆や核兵器に対して考えを持っていたとしても，思いや考えを伝えることに苦手意識を持っているとうまくいかないであろう。しかし，ポスターセッションという発表形式に対しては自信を持ったようで，「７年生のときと比べて，ポスターを使って相手に説明するのはどれくらいうまくできそうですか」という質問に対してかなりうまくいく，まあまあうまくいくという肯定的回答は 43 名になっていた（2008 年７月実施，対象者 82 名，５段階尺度，否定的回答 12 名，どちらともいえない 27 名）。「前の経験を生かせそうだから」，「自信がついたから」などの回答理由からポスター発表を繰り返し行う機会を設けたことが自信につながったと考えられる。

実践的コミュニケーション能力の育成は難しい。取り組みがうまくいかないと次の取り組みへの不安が先行する。やってもだめだなというあきらめの気持ちも出てくる。しかし，うまくいかないからこそ機会を与え経験させる必要がある。

（風呂　和志）

国際コミュニケーション科

エスコートプロジェクト

実践事例⑤ （9年）

こうして育てる！ 国際的コミュニケーション能力

① 広島平和記念公園と公園内の慰霊碑および周辺施設をエスコートするにあたって，平和について考える機会をもたせることができるようにする。

② アメリカのマサチューセッツ州立小中高等学校の先生方をエスコートすることを通して，相手の立場にたったコミュニケーションのとり方を体験させる。

③ 外国の方と意見交流をすることを通して，両国の文化や考え方の相違に触れ，相手を受け入れて交流しようとする態度を養う。

■ この単元はこうして進めた！

課題への理解

第1次　自分と平和とのかかわり

6時間

・エスコートプロジェクトの学習内容を理解しよう
・自分にとっての平和とは何かを考えよう
・原爆ドームについて調べてみよう
・エスコートのコースを考えよう
・考えたコースを交流し修正を加えよう

課題の設定

第2次　コース選択と調べ学習

6時間

・コースを決定しよう
・コースについて詳しく調べよう
・電子メールでアメリカの先生方に要望を聞こう
・コースの説明に必要な英語表現を学ぼう

課題の追及

第3次　相手を迎える準備

10時間

・コース説明の役割分担をしよう
・説明に必要な英語表現を考え，暗唱しよう
・場面設定をした英会話をしよう
　→「出会い編」「昼食編」「平和への考えを述べる編」など
・プレゼントをつくろう（名札、色紙、折り鶴など）
・昼食場所を考え，調べて予約をとろう
・エスコート当日のシミュレーションをしよう

実践・交流

第4次　広島平和公園にてエスコート

6時間

・相手の立場にたってエスコートをしよう
・様々な考え方を受け入れよう
・平和に対する考えを深めよう

評価とまとめ

第5次　デジタルポートフォリオの作成

22時間

・先輩が作成したデジタルポートフォリオを見て学ぼう
・学んだことをまとめ，自己評価をしよう
・他者評価の結果を見て、分析をしよう
・平和に対する考えをまとめよう
・学習の前後で変化した自分の考えをまとめよう
・デジタルポートフォリオを発表し合い、修正を加えよう

完成した電子ポートフォリオは来年度実施する学年のために、残しておく。

「実践の効果」をあげるための三つのポイント

POINT① 相手意識を育む学習過程

■ エスコートのコース選択は，生徒による企画，調査，決定である。相手の立場にたったコース選択であること，また，自分にとっての平和とは一体何かを考えて表現することを学習過程に組み込めば，生徒一人ひとりが主体的に考え，取り組もうとする意識を育むことができる。

広島平和公園内には，原爆ドームを始めとする被爆建物の他，いくつもの慰霊碑が存在する。その慰霊碑一つひとつに，様々なメッセージが込められている。エスコートプロジェクトの目標は，ヒロシマを訪れる外国人の方々に対して，公園内を説明して回ることではない。平和に対する自分の考えを持ち，それを相手に語る術を学び，そして実際に相手を目の前にしてエスコートをする活動の中で，実践的なコミュニケーション力を身につけていくことが最大の目的である。また，限られた時間の中で，どのコースで平和公園内をエスコートするかについては，相手の立場を無視してコースを考えることはできない。アメリカの先生方の意向もあり，平和記念資料館をコースの最後に位置づけた以外は，コース選択および回る順を生徒に委ねた。もちろん，昼食のメニュー，店の選択と予約もコースに含まれている。半日のエスコートコースをグループで考え，判断し，決めていく過程を踏んだ学習内容は，非常に意義がある。なぜならば，コース選択の背景には，生徒一人ひとりの思いや考えが含まれているだけでなく，相手の立場にたったコース選択となっているかを常に考えておかなければエスコートとして成り立たないからである。コースを巡りながら，何を説明し，何を語るのか，また自分と平和との関わりをどのように感じて表現していくかが，この学習のハイライトである。何を語るかについては，平和公園内の記念碑に対する基礎的な知識を身につけるため，英語で書かれた慰霊碑の説明文を読んだり，原爆ドームのレポート作成をしたりして，英文での表現方法を学ぶ時間を設けている。

POINT②　実践的コミュニケーション能力を身につける場の設定

■　学んだ知識を実際の場面で試す場があって初めて，生徒のコミュニケーション力は磨かれていく。試行錯誤する中で，相手と意思疎通ができたとき，生徒の学習意欲は高まり，次への挑戦意欲となる。

エスコート当日までは，電子メールを使ってエスコートをする先生方と交流を深める。また，プレゼント作りやシミュレーション演習を行うなど，エスコート実習当日までに必要な準備を行う。しかし，実際に相手を目の前にして話すとなると，想定外の出来事に出会うことが多い。エスコート当日，何度も暗唱して完璧だったはずの英文が，突然頭から消え失せて真っ白になったり，逆に身振り手振りで乗り切ったりと，実際の場面で繰り広げられるコミュニケーションにマニュアルは存在しない。しかし，相手と目を合わせて伝えようとしたり，相手の言うことをじっと聞いたり，相手と寄り添い合って半日を過ごす中で，試行錯誤を繰り返し，やがて意思疎通ができたことへの喜びと達成感を得ることができる。失敗から多くのことを学べるよさも，実際にコミュニケーションができる場の設定があるからこそである。

グループで昼食場所へ向かう様子

POINT③　自己変容を知るための自己評価と他者評価

■　デジタルポートフォリオ作成を通して，学習の前後での自己変容を認識するだけでなく，他者が自分たちをどのように捉え，感じているかを知ることによって，多様なものの考え方を受け入れる態度が育つ。

エスコートプロジェクトでは，学習過程から学習後における自己の変容を知るために，毎時間の自己評価を書き残している。また，8，7年生から見てエスコートプロジェクトに取り組む9年生の姿がどのように写り，どう評価するのかを知るために，実践記録の映像を全校集会で上映し，アンケート調査を行っている。他学年から見たプロジェクトに対する評価結果と，9年生自身の自己評価，また書きためたポートフォリオを元に，デジタルポートフォリオを作成する。出来上った電子ポートフォリオを使って，同学年内で作品交流を行う。これによって，学習の前後における自己変容の認識を深めるだけでなく，他者からどのような評価を受けているのか，また成果と課題は何かを明確にすることが可能となる。

エスコートプロジェクト
～言葉をこえたコミュニケーション～

活動記録

5月12日　ルートの中には、有名なところを入れたほうが分かりやすいと思ったから「原爆の子の像」などを入れた。
　　19日　コースを決めることしかできなかった。自分の役割の「記録」はもう一人の人に任せてやらなかったけど、話し合いには参加して意見を出すことはできた。
　　26日　役割分担した後に調べてみたけど「平和の塔」の資料が見つけられなかった。他の3つのチェックポイントは終わったのでよかったと思う。役割分担するのが遅かったので、それだけ調べられる時間が減ってしまったんだと思う。もっと早く決めて早く進めたい。
6月　2日　パソコンで調べたものを紙にまとめ、英文に直すところまでできた。前回は記録するところまでいけなかったけど、今回は記録ができたし、英文もできたのでよかった。
　　16日　原稿を完成させ、音読練習をして評価をうけてもらった。すらすらと読むことができなかったので、もっと練習したほうがいいと思った。
　　30日　班で協力してプレゼントとネームプレートを作ることができた。
7月　5日　昼食を食べる場所やルートを決めることができた。
　　7日　英文が完成し、プレゼントもネームプレートもできた。シミュレーションもできたのでよかった。食事のときはどうなるか分からないけど、臨機応変に頑張りたい。
　　13日　エスコートした先生とあまり上手に会話ができなかったけど、自分なりに理解しようと努力できたのでよかったと思う。
　　14日　自分の考えをまとめ、英文にし、班でメールを送ることができた。

エスコートについて取り組み出すときは、準備などが大変そうで面倒くさいなぁ…と思っていたけど、実際には「English time」や音読の練習などで、英語を話す力や読む力がついたと思うし、平和公園のことを調べることで、原爆について再認識することができた。
エスコート当日はとても不安だったけど、担当した先生はとても優しくて、いつも笑顔で接して下さったので、自然に会話をすることができた。
このエスコートを通して、うまくコミュニケーションをとるには、相手をどれだけ理解しようとするかが大切なのだと思った。

分析文

7・8年生は「楽しそうに会話していた」と感じた人が多く，実際に私たち自身も楽しく交流できていたと思う。会話しているときは笑顔も見られたし，みんな積極的に交流しようと努力していたと思う。

写真の解説文

これは班ごとに「平和」について考えている様子です。
一人一人の平和に対する考えを交流しあいました。みんな違う視点で平和についての意見を持っていました。みんなの意見を聞いて，平和についてもう一度深く考えることができました。

総括文

この学習を本格的に進める前は、あまり興味がわかなくて面倒くさいと思っていたけど、エスコートに向けて準備をしているうちに、とても楽しみになった。当日は英語だけでなく、身振り手振りも加えて交流することができた。コミュニケーションに必要なのは言葉だけではないことを学んだ。
エスコート当日は緊張していたけど、だんだん慣れてきて積極的に会話ができるようになっていたと思う。事後、先生方からは次のメールをもらった。「It is beneficial for both the students and the visiting teachers to meet and exchange ideas.」こんなに高い評価をして下さると思わなかったので、自分たちの行ったエスコートプロジェクトは自信のもてるものだったことがわかった。
事前の準備をもっと早くして、計画的に学習を進めた方がよかったと思う。平和公園の各場所の説明文も完全に覚えられなかったので、文をしっかり覚え、相手の目を見て説明したり、先生からの質問にも全て答えたりした方がよかったと思う。

図－1　デジタルポートフォリオ

この実践における「教育的効果」を考察する！

1．外国人（今回はアメリカの小中高等学校の先生方）と直接，それもある程度長時間に渡って共にすごす場を設定することは，実践的コミュニケーション力を磨く上で欠かすことのできない要素だと言える。生徒が試行錯誤を繰り返しながらも，懸命にコミュニケーションを取ろうとすること，そして頑張ったその姿を評価し，生徒へフィードバックすることが，学習を継続したいと感じさせる次への動機付けとなる。生徒は感想に次のように書いている。

> エスコートを行ったDavidさんから“They worked very hard to listen to me and to ask me questions. They were very respectful and happy to be guiding me around.”との言葉を頂きました。Davidさんが，僕たちに対して「よく聞いてくれた」と評価してくれていたので，とてもうれしかったです。また，僕たちが尊敬できるガイドだったかどうかは分からないけれど，楽しいガイドができていたと思います。

2．単元「エスコートプロジェクト」を生徒はどのように捉えているかを把握することは，単元を継続実施することにおいて非常に重要である。９年生に対しては，実施の前後でアンケート調査（2008年７月実施，対象者85名，４段階尺度）をとった。８，７年生に対しては，９年生のエスコートの様子を映像で見せた後，同様の調査を行った。エスコートに参加したいかという設問には，参加したいと回答した生徒が多く，平均値は3.8だったが，映像で９年生の姿を見た８，７年生の評価の方が９年生より高かった。下級生から高い評価を受けることにより，９年生は自分たちの活動に自信を深めるだけでなく，後輩のために，更なる改善の余地を求めてプロジェクト全体の成果と課題を見出そうとする。相手の立場にたってものごとを考えることは，一見相手への配慮が優先されるように思われるが，実は一番影響を受けるのは，学習者自身であると感じている。（松尾　砂織）

コラム

心に二つの物差しを

広島大学教授　深澤　清治

長い間，アメリカの大学に留学していた人が日本に一時帰国したときのお話です。たまたま家の人が留守をしていたときに，叔母さんが訪ねてこられたので，お母さんが戻るまで家に上がって待ってもらうことにしました。その間，夏の暑い日だったので冷たい飲み物を出そうとして，「おばちゃん，うちには冷たいものだと麦茶とコーラとカルピスとジュースとアイスコーヒーがあるけどどれがいい？」と二度聞いたそうです。叔母さんは目を白黒させて，「○○ちゃんの好きなものなら何でも。」と笑って答えるだけで，結局，どれがいいとも言わずに困ったと言うのです。二人の間で言葉はちゃんと通じているのにお互いに相手が言っていることをやや奇妙に感じた例です。

同じようなことは外国の人たちと話す時によくあります。英語圏のホームステイ先でホストマザーからの「英語が上手ね。」と言われたら，ほとんどの日本人は「いえ，いえ，全然だめです。」と言ってしまい，相手にけげんな表情をされてしまいます。

これらは結局，人それぞれが持っている文化の相違によるものでしょう。同じことを話しても，それに対する受け取り方や価値観，論理の組み立てかたなどが違っているために起こる違和感です。英語を学習するときに日本語の発音や文法が干渉して妨げとなるように，文化にも干渉があるのです。アメリカから戻った日本人学生のエピソードは，できるだけ相手に選択肢を示して自由に好きなものを選ばせる文化が，相手の年齢やその日のお天気などあらゆることを考えた上で相手のほしいものを察して，相手も出されたものをありがたくいただくという文化と衝突した例です。

国際コミュニケーション科の学習は，留学生との交流や英語での活動を通して，いろんな異なったものの見方や考え方に触れる貴重な機会です。そこでは，自分の考え方だけが正しくて相手は間違っているという考え方では，なかなか心を開いてコミュニケーションをすることには至りません。そこで，まず自分はどう思うのか，自分の意見や見方をしっかりと持つこと，そして相手の立場に立って考えることが必要です。つまり自分とは違うものの見方や考え方，文化へのスイッチの切り替えができるようになることです。母語での言語や文化が無意識的に「育つ文化」であるのに対して，異なる言語や文化はいろいろな経験を通して意識的に「育てる文化」であると思います。困ったことに，人は相手の発音のなまりや文法の間違いは，外国人だからだろうと大目に見ようとしますが，文化の上の違いには「失礼な人だ，いやな人だ」と思いこんでしまう危険があります。本人はそれをふつうは気づかないだけになおさら深刻です。自然な国際コミュニケーションの場面に対応するためにはどうすればいいのでしょうか。

たまたま手にした外国の文房具に，片側にインチ目盛，反対側にセンチメートル目盛の両方を付けた物差しがありました。同じ長さでも，片方で1インチのものが，片方では2.54センチです。ものごとの受け取り方や価値観の違いと同じことです。これからの国際社会において生きていくのに，2つの物差しを持つこと，すなわち，相手の立場に立って物事を見ることができるように，スイッチの切り替えをできることは，大人になってからの人生にも大きく役立つことと思います。

歴史上，長い間，鎖国が続き，同じような考えを共有しコミュニケーションにそれほど積極的でなくても意思疎通ができる「以心伝心」の文化に育った日本人が，主として英語という言葉を通して，世界中の人々とコミュニケーションを図っていかねばならない「以唇伝心」の時代に生きるようになりました。幼少期に違った視点を受け入れていける種を植え育てることこそ，国際コミュニケーション科に求められる大きな使命，そして何より楽しみと思います。

コラム

キー・コンピテンシーを育てる国際コミュニケーション学習のすすめ

大阪教育大学教授　田中　博之

広島大学附属三原学園の先生方が，この21世紀型教科である「国際コミュニケーション科」の開発研究に取り組んできた情熱は感動的であった。未来に生きる子どもたちに，ユニバーサル・シティズンシップという21世紀型学力を育もうという深い教育愛に満ちた先進的な研究に参加させていただき，私自身，大変勉強になったことを記して感謝したい。

この6年間，この新教科を開発してこられた先生方の努力は比類のないものであった。例えば，次のような献身的な姿が毎年見られたのである。

① 新しい未知なる領域を開拓する不安を乗り越える勇気
② 交流相手を全国，そして世界中から探してくるネットワーク力
③ 学年と専門教科の壁を乗り越えるティームワーク力
④ 子どもたちの成長を共に喜ぶ豊かな心
⑤ 新しい単元を開発するアイデア構想力
⑥ 英語とメディアを自ら指導の道具として学ぶ柔軟さ
⑦ 異文化を積極的に学ぼうとする積極性

このような資質や能力は，まさに本学園が子どもに育むユニバーサル・シティズンシップであるとともに，本学園では教師が習得してきた指導力量となっている。いいかえれば，教師の21世紀型職能成長なくして，この新教科「国際コミュニケーション科」の研究は成立し得なかったといえよう。

もちろん，子どもたちの成長も著しかった。上級生のレベルアップした活動にあこがれを持ちながら，常に21世紀を見据えた自己成長のために，目的的な活動に集中して意欲的に学ぶ姿は感動的ですらある。そこに，本学園の子どもたちの純粋さとひたむきさを強く感じたのは私だけではないだろ

う。

これまでの研究成果からはっきりといえることは，この21世紀型教科「国際コミュニケーション科」は，これからのわが国の学校教育において必須教科としてすべての学校で実施されるべき価値あるカリキュラムであるということである。逆にいえば，全ての学校がこの新教科を実施できる学校にならなければ，また，全ての教員がこの新教科を実施できる教員にならなければ，日本の学校教育の未来はないといってよい。

その意味で，本学園が，この新教科の開発研究に果敢に取り組んでくださったこと，そしてそれを通して，私たちに教育の未来を垣間見せていただいたことに改めて深く感謝したい。

さて，21世紀の学力は，OECDが提案するところによれば，キー・コンピテンシーである。キー・コンピテンシーとは，「相互作用的に道具を用いる」力，「異質な集団で交流する」力，そして，「自律的に活動する」力という三つの力を総合した新しい学力観である。

このような21世紀型学力を提案した背景には，従来の教科学習でもたらされる伝統的な学力は，近代社会における経済的・社会的成功に役立つとしても，これからの21世紀社会においては必ずしも人間の発達や社会・経済の調和的な発展にとって十分な教育的成果を上げていないのではないかという疑いがあったのである。

このキー・コンピテンシーを本学園での研究の文脈にあてはめてみると，驚くべきことに，本学園の「国際コミュニケーション科」で育てるユニバーサル・シティズンシップと共通する部分が多いことがわかる。つまりキー・コンピテンシーは，体験を通した問題解決的な学習により，言葉とメディアを用いながら，身近な環境，福祉，国際，地域，健康などにかかわる課題に主体的に取り組むために必要な力なのである。

こうした国際標準学力の向上という視点からみた実践研究の一層の高まりを，今後ともますます期待したい。

第3章　発見科・表現科（学習）で育った子どもたち

Ⅰ.「発見・表現の時間」で育った子ども

もうすぐ冬休みに入ろうとするある日のことです。幼稚園年長児の保育室に8年生が国際コミュニケーション科の授業で絵本の読み聞かせにやって来てくれました。中学生は絵本を読み聞かせる人，BGMとしてピアノやギターを奏でる人に分かれて，年長児に語りかけてくれました。子どもたちは，中学生が読む絵本に聞き入っていましたが，絵本を見終わった後に奏でられているギターに注目したのです。しかもただ単にギターの音色に耳を傾けるだけでなく，弦の動きに着目して，「あっ，輪ゴムが震えとる！」ということを発見していたのです。

子どもたちが弦の動きに注目したのは，秋頃から音をつくって遊ぶ活動を積み重ねてきたからです。幼稚園年長児には，『発見・表現の時間』を新設しており，11月には「身近な素材を使って音をつくって遊ぼう」という活動をしていきました。この活動の中では，身近な素材で楽器を作ることを通して，自分なりの課題をもって考えたり，イメージを膨らませたり，工夫しながら表したりする意欲や態度を育もうと考えました。

ある日のことです。あけみちゃんがともこちゃんやなみちゃんとともに，自分たちが作った楽器を持って遊んでいます。そのうちに，ともこちゃんが指揮者のような立場になり，「では，最初に“どんぐりころころ”をします。」と言っています。あけみちゃんとなみちゃんは「うん，いいよ。」と相槌を打ちます。そして3人で数曲童謡を口ずさみながら，持っている楽器をリズムに合わせて鳴ら

し始めたのです。あけみちゃんはとても柔らかい表情で歌のテンポに合わせて楽器のたたき方を工夫したり，音に強弱をつけたりしています。

実はあけみちゃんは進級当初はともこちゃんやなみちゃんと気の合う友達ではありながら，友達が自分の思いをわかってくれないと感じた時に強い口調になったり，すねてしまったりすることがありました。このことは，本当は自分に自信のないことの裏返しだったのかもしれません。その都度，私は本人の思いをうけとめながら，相手の思いに気づけるようにかかわってきました。

あけみちゃんは楽器づくりの遊びも好きで，いろいろな音が出ることに興味をもち，何度も繰り返していろいろな音が出ることを見つけていました。例えば，トレイと空き缶を組み合わせたものに輪ゴムをかけて，指で奏でるようにしていたことから更に，木の枝をばちにしながら「木の棒でもなるんよ。」と様々な素材で音が出ることを発見したり，同じような素材でも組み合わせ方によっては太鼓もできるということを発見したりしている姿が見られました。私は，あけみちゃんが発見したことを丁寧に受けとめ，認めることを積み上げていきました。

そのことで，あけみちゃんは自分が作った楽器をもとに友達と一緒に共通のイメージを楽しみながら遊びを展開することができるようになってきたのです。ともこちゃんが「次はこの曲にしよう。」と提案すれば，「うん，いいよ。」とその思いを受け入れながら共に遊びを進めることができ，自分が作った楽器に耳を澄ませながら楽器の叩き方を工夫したり，音に強弱をつけたりすることができるようになってきたのです。私は何よりも楽器づくりの遊びを通して，あけみちゃんが実に柔らかい表情で友達とかかわって遊んでいたのが嬉しかったのです。

別の場面ではこんな姿も見られました。年長児が楽器を作ってお店屋さんごっこをしたことがきっかけとなって，年少児も自分なりに楽器を作る姿が見られるようになってきました。年少児がその楽器を持って年長児の保育室にやってきた時のことです。数人の年長児が，年少児が作ったトレイと輪ゴムで作ったギターのような楽器のつまびき方を教えています。その中でひかる君も「タイミングがもも組さん(年少児)にはわからんよ。」と言いながらも，そばで見本を示すかのようにつまびいて年少児に見せています。次の日には，ひかる君はようすけ君とともに，自ら年少児の部屋に行き，自分たちの楽器を見せようとする姿が見られたのでした。

実はひかる君は自分の思いを人前で表現するのがあまり得意な方ではありませんでした。そのようなひかる君も楽器づくりにとても興味を示し，毎日のように楽器を作ってはこまやかな発見を私に知らせてきました。トレイと数本の輪ゴムで作った楽器を奏でながら「ドレミみたいだね。」と音の違いに気づいたり，ペットボトルの中にドングリを入れて，外に輪ゴムをかけ，「輪ゴムをはじくと，中のドングリがはじけるよ。」ということを発見したりしていました。ひかる君のこまやかな発見に，私もその都度，「本当だね。よく気がついたね。」と共感したり，認めたりしてきました。すると次第に，ひかる君はクラスのみんなの前で，自分の作った楽器を披露することも楽しむようになってきました。人前で表現するのが苦手だったひかる君が自信をもってみんなの前で表現することを楽しむようになってきたのです。そして，さらに年少児の部屋に自ら行って自分が作った楽器を見せるまでにいたったのです。まさに，楽器づくりを通して自分なりに発見したり工夫したりしたことを認めてもらうことが自信となり，楽器を通していろいろな人に直接かかわることを楽しみ，今回は年少児にまで自分からかかわろうとする意欲につながっていったのです。

さて，２月には「みんなでこま回しをしよう」という活動を取り入れました。ここでは，こま回しを通して，発見したことや考えたこと，感じたことなどを生かし工夫しながら回していく中で，“もっとやってみよう”“もっと試してみよう”という思いをもって意欲的に取り組む力を育もうと考えました。その時には，次のような子どもたちの姿が見られました。

子どもたちがこま回しを始めて１か月。クラスの子どもたち一人ひとりが自信をもって回せるようになると，自分なりの目的をもち，それに向かって試したり挑戦したりしながら回す姿が見られるようになってきました。

ある日のことです。偶然，こまを持って砂場に出ていた私のところにひろこちゃんがやってきました。ひろこちゃんは，私が手にしているこまを見て「先生，こま，砂場の上で回るかね？」と聞いてきました。“面白い発想だな”と思いつつ「ひろこちゃん，やってごらんよ。」と返すと，ひろこちゃんは急いでこまを取りに戻り砂に向かってこまを投げました。こまにいつものような勢いはなく，回り始めたかと思うとすぐに止まりました。「あんまり回らんね。」と言いながらこまを取ると砂には小さな穴がありました。それを見たひろこちゃんは「こまが，砂に穴をあけた！」と驚きの声をあげたのです。ひろこちゃんは，砂の上でこまを回すと砂に穴が開くことを発見したのでした。ひろこちゃんの発見をひろこちゃん自身が紹介できる場を設け，クラス全体に伝えていくと，子どもたちは興味深く聞き入っていました。そして，「こまが回ったら，砂が飛び散らんかった？」などと質問をしていました。この発見をきっかけに子どもたちから「外でこま回しがしたい！」という声があがり，みんなで遊んでみることになりました。ほとんどの子どもたちが園庭に出て“ここで回すとどうなるだろう？”“こんなところで回るだろうか？”という疑問をもっていろいろな場所で回し始めました。

そんな中，たかし君はひろこちゃんの発見をきっかけに，砂の上でこまを回すと本当に穴が開くのかを試していました。初めは砂の上でこまを回し，回り終えた後の砂を見て「ほんまじゃ！砂に穴が開いとる！」と驚いていました。こまが砂に穴を開けることが楽しかったたかし君は何度も砂の上で回

し続けていました。そのうち，たかし君はこまが回っている時には体をかがめ，横から注意深く見るようになりました。その後の活動の話し合いで，たかし君は新たに発見したことを話しました。「砂の上でこまを回すと，こまが沈んでいくよ。」私は“よく見ているな”と感心しながら，こまが沈む理由について尋ねるとたかし君は「だって砂がやわらかいけぇよ。」と答えました。たかし君は，砂のようにやわらかく，勢いを吸収するような場所でこまを回すとこまが回転により少しずつ沈むように見えることを発見したのでした。

一方ではこんな発見をして驚く３人組もいました。ようへい君，ゆういち君，まさと君は『こま探検隊』と称してコンクリートの縁や草原などいろいろな場所でこまを回していました。３人が，土が削られ窪みができているところにやってきました。窪みのところでも楽々と回すと，隣に水溜りがあるのを３人が見つけました。ようへい君が「水溜りでも回るかね？」とゆういち君とまさと君に聞くと２人は水溜りの中で回すことに不安を覚えていたようでした。どうやら，ゆういち君はこの日の活動の最初に挑戦しようとしたのですが失敗したらしく，まさと君はこまが水で濡れることを嫌がっていたのです。隣で３人の様子を見ていた私は「思い切ってやってみたら。」と一押ししてみました。すると，ようへい君が水溜りめがけて思い切ってこまを投げたのです。するとどうでしょう。なんとこまが水しぶきを上げながら勢いよく回ったのです。それを見たようへい君たちは「すげー！水がぴしゃ〜って言いよる！」と言って驚いていました。ためらっていたゆういち君とまさと君も思い切って水溜りでこまを回し始め，３人はこまが勢いよく回転することで起こる水しぶきを思う存分，楽しんでいたのでした。

このように，私たちは，子どもたちの発見や表現を一人ひとり丁寧に受けとめてきました。もちろん，これまでも一人ひとりを丁寧に受けとめることの大切さは分っていたつもりですし，やってきたつもりでいました。しかし，今回改めて発見・表現に関するねらいを明確にもって，子どもたちの発見や表現を徹底して丁寧に受けとめることを積み上げてきました。そして，子どもたちの発見や表現を土台にしながら，さらに自分が興味をもったことに対して“本当にそうなるのだろうか？”“もっとやってみよう！”と追究してみようとすること。また，“こうしたら，どうなるのだろうか？”といったイメージを広げたり，疑問を解決したりしようとすることなどの意欲が育まれるようにかかわってきました。具体的には，子どもたちが発見したことや考えたこと・感じたことやイメージしたことを友達と伝え合う機会を設けたり，一人ひとりの興味・関心に応じたかかわりや環境構成を工夫したりしてきました。そのことで，子どもたちが自分たちで遊びを広げたり深めたりする姿も見られるようになってきたのです。このような子どもたちの姿を見ると，本来子どもたちは素晴らしい力をもっており，その力を発揮できるようにすることが私たちの役割であるということに改めて気づかされたのです。

また，このような積み上げが，子どもたちに『意欲的に学ぼうとする力』『表現する力』『驚きを感じたり不思議を発見したりする力』『筋道を立てて考える力』を育むことにつながっていくと考えています。

なぜ，私たちがこのような子どもたちを育てたいと考えたのか。次節では幼小で連携を図りながら開発した小学校の発見科，表現科，及び幼稚園年長児の「発見・表現の時間」の理論やカリキュラムについて述べたいと思います。

（池田　明子，君岡　智央）

Ⅱ．発見し表現することを楽しむ子どもを育てる

1．発見科・表現科学習開発部会のめざすもの

（1）子どもの経験を階層的に生かす幼小連携カリキュラム

本部会では，幼稚園年少から小学校低学年までの体験的・基礎的な学びを大切にすることで，それ以降の子どもたちがより主体的に学習を進めることができるだろうと考え，それぞれの年齢・学年で子どもたちが経験したことを生かし，さらに力を伸ばせるよう，「子どもの経験を階層的に生かす幼小連携カリキュラムの開発」をめざして研究を進めてきた。

（2）めざす子どもの姿と育みたい力

小学校３年生段階でのめざす子ども像を次のように設定した。

「身のまわりのものや人に積極的にかかわり，
自分でいろいろなことに取り組むことができる子ども」

めざす子ども像に向け，次のような四つの力を育みたいと考えた。これらを大まかに整理し，図－１のようにまとめた。

・持続性をもって意欲的に学ぼうとする力 ・役に立ちたいという思い ・知識や技術に対する自信，失敗を恐れない態度	⇒ ○意欲的に学ぼうとする力
・まわりの物事を感じる力 ・自分の思いを表す力 ・相手の思いを受け止める力 ・双方向に表す力(出しっぱなし，聞きっぱなしではない，お互いの思いを生かす)	⇒ ○表現する力
・「びっくり」「？」を発見する力	⇒ ○驚きを感じたり不思議を発見したりする力
・工夫して問題を解決する力	⇒ ○筋道を立てて考える力

図－１　育みたい力

２．取り組みの概要

（１）新教科「発見科」「表現科」の設定

この四つの力を育むために具体的な取り組みを考えたところ，次の２点からせまっていくことにした。

○　体験活動を通した認識の基礎の育成

体験活動の中で「驚きを感じたり，不思議を発見したりする力」「筋道を立てて考える力」などを育成していくことをめざして「発見科」を設定した。

○　表現力の育成

小学校低学年では，幼稚園教育要領の「表現」の領域との関連を図りながら，表現する力を育成していくために，教科の垣根を取り払い，音楽的・造形的・身体的・言語的な活動を総合的に行うことのできる「表現科」を設定した。

（２）幼稚園年長「発見・表現の時間」の設定

年長児の子どもたちの遊びが単発的なものになりがちであるという実態を受けて，遊びを広げ，深める子どもの育成をめざして，発見科，表現科の双方の視点で保育を行っていく「発見・表現の時間」を設定した。

３．発見科，表現科及び「発見・表現の時間」の概要

（１）発見科

①　教科目標

> 身の回りの自然や地域社会にかかわる体験活動を通して，それらに対する愛着を抱くとともに，自然や地域社会の事象の特性や関係の理解につながる認識の基礎や，自ら活動を起こしたり，見通しをもって行動したりするための実践力の基礎を養う。

a　身近な自然や地域社会への愛着（親しみを抱き，またそこへ行ってみたい・大切にしたいという感情。）

b　認識の基礎（事象の特性や関係の理解につながる体験を積んだり，思考方法や表現方法を身につけたりすること。）

c　実践力の基礎（自らの問題の解決や目的の実現に向けて，子どもたちが主体的に活動を進めていくこと。）

② 発見科の特徴

a　6年間（幼稚園年少組～小学校第3学年）を見通した四つの領域の設定

「飼育・栽培」…小動物を飼育したり，花や野菜を栽培したりする。

「物を使った遊び・自然を感じる遊び」…身近にあるものを利用してものを製作したり，季節ごとの自然を感じる遊びを行ったりする。

「仕　事」…集団生活を営むために行っている仕事や世の中の仕事について，経験したり調べたりする。

「公　共」…公共物や公共施設を利用したり調べたりする。

b　育みたいものの重点化

第1学年では感覚器官を働かせて対象とかかわることを大切にし，徐々に比較することを通して，疑問を見出したり特徴をとらえたりすること，そして，第2学年では事象間の関連について考えていくことができるように学習内容の配列を行っている。

c　試行錯誤を通した学び

試行錯誤することや他者の姿や方法を見て学んだり，取り入れたりすることを大切にしている。

d　関連した活動や内容の繰り返し

子どもたちに疑問を抱かせたり，抱いた疑問を追求し発展させたりするために，関連した活動や内容を繰り返すことができるようにしている。

（2） 表現科

① 教科目標

> 様々な感覚をはたらかせながら感じ，イメージし，表すという一連の表現活動のプロセスを通して，表現する力を培う。

a　感じる力（様々な感覚に刺激を受け，そのことを楽しんだり，味わったりできる力。）

b　イメージする力（類似したものに置き換えたり，組み合わせたり，変形させたり，想像したり，予想したり類推したり，合成したりする力。）

c　自分の思いを表す力（一人ひとりが感じ，イメージしたことを表していく力。表すためには，感じたりイメージしたりする力とともに，表す方法や技術の習得も必要。）

d　相手の思いを受け止める力・双方向に表す力（相手を意識して，いいところや真似したいところ，違うところ，同じところなどを見つけながら受け止めていく力・複数のやり取りで表現し合い，受け止め合い，刺激し合い，応じ合いながら，表現を高めていく力。）

②　表現科の特徴

a　様々な感覚を刺激する働きかけ

表現科では，「感じる」ということをベースにできるよう，様々な感覚を刺激する働きかけを教師が意図的に行っている。

b　繰り返される表現活動のプロセス

「感じる→イメージする→表す」という一連の表現活動のプロセスは，お互いに密接に関連しながら，常に活動の中で繰り返されていくととらえ

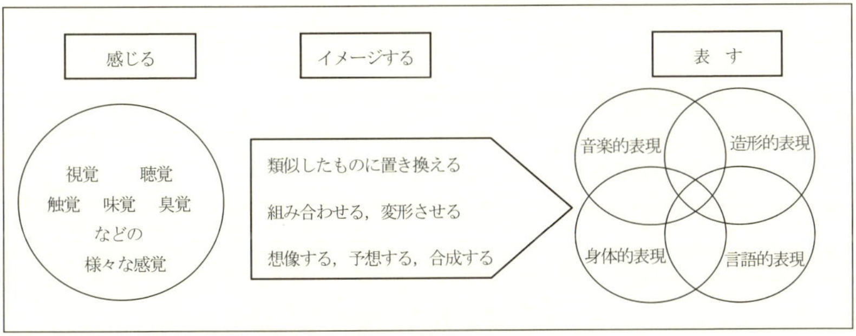

図－２　表現活動のプロセス

ている。

c　発達段階を意識した題材配列

第１学年では，「身体全体を使って感じる活動」や「様々な表現方法に出会う活動」を通して，「感じる力」や「イメージする力」の育成に重きを置いている。第２学年では，前学年で経験したことをつなぎながら，「劇やオペレッタで表現する活動」へと移行させていき，「自分の思いを表す力」「相手を受け止める力・双方向に表す力」の育成へと段階を意識した題材の配列を考えている。

d　環境構成の工夫

子どもたちの表現活動に広がりや深まりを持たせるために，表現活動のしやすい環境（場・時間・材料・楽器など）を設定したり，学級内・学年内・他学年などへ発表の場を設け，友達の表現を理解し表現の違いやよさを知る場を設けたりすることが大切である。

（3）「発見・表現の時間」

①　目標

年長児の実態や発見科及び表現科との関連を考え，「発見・表現の時間」の目標を次のように設定した。

> 身近な自然やものや人に積極的にかかわる中で，様々な感覚をはたらかせて，発見したことや考えたこと・感じたことやイメージしたことを，表したり発展させたりする力を養う。

この目標は次の４点から構成されている。

a　身近な自然やものや人に積極的にかかわること（身近な自然やものや人とのかかわりの中で，親しみを感じ，興味や関心を抱いたことに対して，いろいろな方法で考えたり工夫したりしてかかわること。）

b　様々な感覚をはたらかせて感じること（五感をしっかりはたらかせて，

身近な自然やものや人とかかわることで，対象の特徴に気づいたり，イメージを膨らませたりすること。）

ｃ－１　発見したことや考えたことを表したり発展させたりすること（新たな視点から試す，方法を変えてみる，他の人の様子をじっくり観察し，それを取り入れてみる等の工夫へと発展させていくこと。）

ｃ－２　感じたことやイメージしたことを表したり発展させたりすること（感じたりイメージしたりしたことを，自分なりの方法（言葉・絵・身体・音楽など）で表すというように，感じる→イメージする→表すという一連の表現活動を繰り返すこと。）

※Ｃ－１に関しては，「発見科」の視点からとらえたもの，Ｃ－２に関しては，「表現科」の視点からとらえたものについて示している。

②　「発見・表現の時間」の活動内容の柱

「さがそう・遊ぼう・育ててみよう」

身近な自然事象との直接体験の中で，特に小動物へのかかわりに重点を置く。

「見てみて・触って・食べてみよう」

身近な自然事象との直接体験の中で，特に植物へのかかわりに重点を置く。

「作って・創って・大変身」

この柱は，自分たちの思いやイメージしたことを表していく製作活動と，踊りや劇，身体表現などを創り出す活動の二つに分かれている。

製作活動では，様々な素材とふれあいながら，イメージしたことや課題になっていることを，試行錯誤して表すことやイメージしたことを友達と伝え合ったり見合ったりし，良いところを生かして製作することに重点を置く。

踊りや劇，身体表現などを創り出す活動では，身近なものや人とかかわり，様々な刺激を受けて感じたことからイメージを膨らませ，自分たちがイメージしたものになっていくよう踊りや劇，身体表現などで工夫しながら表すことに重点を置く。

「やってみよう○○を！　なってみよう○○に！」

自分たちがなりたい○○（例：お店屋さん・大工さん）になるため，それらに関係した気づきや発見をごっこ遊びに取り入れることと，なりたい○○

表－１　「発見・表現の時間」の各活動内容の柱の目標

柱	目　　標	活動例
さがそう・遊ぼう・育ててみよう	A：身近な小動物に親しみを感じ，繰り返しかかわることを楽しむ。 A：身近な小動物への興味，関心から自分たちで育てたい世話したいという気持ちをもち，実際に育てていきながら小動物への愛着をもつ。 B：身近な小動物に五感をはたらかせてかかわりながら，特徴や違い，変化などに気づいたりイメージをもったりする。 C－1：身近な小動物を見て感動したことや不思議に思って試したことを友達や保育者に様々な方法で伝え，更に試行錯誤したり工夫したりして表すことを楽しむ。 C－2：飼っている小動物の成長や動きから感じたことやイメージしたことを身体や言葉や絵など様々な方法で表すことを楽しむ。	・ウサギと遊ぼう ・アメリカザリガニを飼ってみよう！ ・レンガに隠れている虫を見つけよう！ ・わたりがにと遊ぼう！ ・カブトムシを飼ってみよう！
見てみて・触って・食べてみよう	A：身近な植物に親しみを感じ，繰り返しかかわることを楽しむ。 B：身近な植物に直接触れることを通して，特徴や変化，生長から植物の不思議さや疑問を感じたりイメージを膨らませたりする。 C－1：自分たちが栽培している植物がどのようにすればよく生長するか考え，見たこと，聞いたことを生かしながらかかわる。 C－2：身近な植物の生長などに気づくことを通して，感じたことやイメージしたことを身体や言葉，絵など様々な方法で表すことを楽しむ。	・やきいも（さつまいもの栽培） ・ミニトマトの個人栽培 ・ピーマン，ナスをクラスで栽培 ・アスパラガス大発見（アスパラガスの成長を観察） ・どんぐりクッキー作り ・よもぎ団子作り
作って・創って・大変身	**自分（たち）の思いやイメージしたことを表していく製作活動** A：身近なものや自然に興味や関心をもち，自分たちなりの課題をもって考えたり工夫したりしてかかわる面白さを味わう。 B：身近なものに直接かかわり，五感をはたらかせることを通してその特徴に気づいたりイメージを膨らませたりする。 C－1：自分たちがイメージしたものになるよう，または課題と思ったことにかかわれるよう試行錯誤して表すことを楽しむ。 C－2：自分が体験したことから感じたことやイメージしたことを友達と伝え合い，いいところを生かしていろいろな方法で表し，一緒に遊びを進める楽しさを味わう。 C－2：自分の思いやイメージしたことを表し，見立てて遊んだり工夫したりしながら遊ぶ楽しさを味わう。 **歌や踊りや劇などを創り出す活動** A：身近なものや人の様子を見たりふれたりしながら，自分たちなりの課題をもって考えたり工夫したりしてかかわる面白さを味わう。 B：身近なものや人と直接かかわり，様々な刺激を受けて感じたことから，イメージを膨らませることを楽しむ。 B：友達の気持ちを感じたり，お互いが気持ちよく遊びを進めるためのルールを守ろうとしたりする。 C－1：自分たちがイメージしたものになるよう，または課題に思ったことにかかわれるよう試行錯誤し，工夫して表すことを楽しむ。 C－2：自分の思いやイメージしたことを表したり，友達が表した中からいいところに気づいたりし，表す楽しさを味わう。	・トンネル迷路作り ・ドミノたおし作り ・自然（木の実・泥・石・葉など）と遊ぼう ・住んでみたい　おうちをつくろう！ ・身近な物で楽器を作ろう ・バッタのお祭り ・みんなの船で旅をしよう ・ダンスチームコンサート ・劇遊び
やってみよう○○を！なってみよう○○に！	A：自分たちがしてみたい○○になるように，友達と話し合ったことについて課題をもって考えたり工夫したりしてかかわる面白さを味わう。 B：遊んでいくうえで自分たちがなりたい○○（お店屋さん・大工さん）になるよう，実際にその人たちがいるところへ行って見たり聞いたり嗅いだりしながらその場の雰囲気を感じる。 B：自分の生活に関係のある人にかかわりながら，お互いが心地よく過ごすための集団のルールを守ろうとする。 C－1：身近にある事象を見たり施設に行ったりして発見したことや気づいたことを自分たちのごっこ遊びに取り入れようとし，より本物らしくするために試行錯誤しながら工夫していく。 C－2：友達と感じたことやイメージしたことを表した中で，お互いのいいところをいかしながら共通のイメージをもって一緒に遊びをすすめる楽しさを味わう。	・お店屋さんを見てみよう ・お店屋さんになろう！ ・家族ごっこ

A：身近な自然やものや人に積極的にかかわること

B：様々な感覚をはたらかせて感じること

C－１：発見したことや考えたことを表したり発展させたりすること

C－２：感じたことやイメージしたことを表したり発展させたりすること

をより本物らしくするために試行錯誤し，工夫して表すことにも重点を置く。

なお，四つの柱ごとの目標を表－１で表している。

（4）「発見・表現の時間」と発見科・表現科のつながり

①　目標の系統

幼稚園年長における「発見・表現の時間」と，小学校第１・２学年における発見科・表現科それぞれの目標のつながりを示したものが図―３である。

小学校第１・２学年は，発見科（ⓐ）と表現科（ⓑ）がそれぞれに教科目標及び観点別目標を設定している。一方，幼稚園年長では「発見・表現の時間」（ⓒ）というように，発見科，表現科双方につながる視点を併せもった総合的な活動としてとらえて目標及び観点別目標を設定している。

観点別目標については，「発見・表現の時間」から発見科，表現科に向けて矢印が示されている（ⓓ）。「発見・表現の時間」はこの観点別目標においても，発見科，表現科と総合的につながっていることを示している。

②　内容の系統

「発見・表現の時間」と，発見科・表現科それぞれの内容のつながりを示したものが図－４である。

幼稚園では，日々の活動の中から特に「発見・表現の時間」の目標につながる活動として，大きく四つの活動内容の柱を設定している（ⓔ）。小学校では，発見科の活動内容をⓕのように，表現科の活動内容をⓖのように設定している。

「発見・表現の時間」の内容から，発見科，表現科の内容に向けて，その関連性を実線と破線で示している（ⓗ）。実線は主に発見科につながるもの，破線は主に表現科につながるものとして表している。また，線の太さは，「発見・表現の時間」の内容と発見科，表現科の内容の関連性の深さを示している。つまり，線が太いほど，それぞれの関連性が深いととらえ，細いものは，関連性は浅いながらもつながっているととらえている。

＜発見科　教科目標＞
身のまわりの自然や地域社会にかかわる体験活動を通して，それらに対する愛着を抱くとともに，自然や地域社会の事象の特性や関係の理解につながる認識の基礎や，自ら活動を起こしたり見通しをもって行動したりするための実践力の基礎を養う。

1　年	2　年	育みたい力の観点		
・飼育・栽培活動や身近な素材を用いた製作活動などを通して，疑問を見つけることを楽しむ。 ・自分の生活に関係のある人々に親しみを感じたり，道具や施設などを大切に扱おうとする意欲をもったりする。	・継続した活動において，疑問や問題の解決に向けて取り組むことを楽しむ。 ・身近な地域の自然や人々の様子・設備などに興味や親しみをもつ。	身近な自然や地域社会への愛着		発見科 ⓐ
・感覚器官を働かせて対象をじっくり見たり，本物やモデルとそっくりなものを作ったりする過程で，数，色，構造，形など具体的な観点をもって見つめなおし，特徴をつかむことができる。	・比較することで違いを見つけ，それぞれの特徴（構造，役割など）をつかむことができる。 ・ごっこ活動をすることで，人の行動の意味や行動とものとの関連を考えることができる。	思考	認識の基礎	
・感覚器官を通して感じたことを，絵や文で表すことができる。 ・身近な場所と絵地図を対応させ，位置を絵地図で表すことに気づくことができる。	・比較したことを表に表すことができる。 ・簡単な地図に表すことで，分布やどのような所にあるか特徴を表すことができる。	表現		
・繰り返し見たり試したりすることによって，特徴をつかんだり，問題点を解決したりすることができる。	・何に焦点をあてれば問題の解決や目的の実現につながるかという見通しをもって活動できる。	実践力		

＜発見・表現の時間の目標＞
身近な自然やものや人に積極的にかかわる中で，様々な感覚をはたらかせて，発見したことや考えたこと・感じたことやイメージしたことを，表したり発展させたりする力を養う。

	経験させたいこと・養いたい力の観点	年　長
発見・表現の時間 ⓒ	A 身近な自然やものや人に積極的にかかわること	・身近な自然やものや人に親しみを感じたり，興味関心をもったりしながら，繰り返しいろいろな方法でかかわることを楽しむ。 ・身近な自然やものや人にふれ，課題をもって考えたり工夫したりしてかかわる面白さを味わう。
	B 様々な感覚をはたらかせて感じること	・身近な自然やものや人との直接かかわり，五感をはたらかせて，その特徴や変化に気づいたり，イメージを膨らませた律する。 ・身近な人にかかわりながら，相手の気持ちを意識したり，お互いが心地よく過ごす楽しさを感じたりする。
	C−1 発見したことや考えたことを表したり発展させたりすること C−2 感じたことやイメージしたことを表したり発展させたりすること	・身近なものを見て感動し，不思議に思ったことを試したり，伝えたりすることを楽しむ。 （例：ウサギが掘った穴を見つけて「穴がどこまで開いているんだろうね」と友達と一緒に掘り始める。） ・感じたことやイメージしたことを，様々な方法で表したり，より自分らしく工夫して表したりすることを楽しむ。 （例：針金を四角にしたものでシャボン玉を作ったら，四角いシャボン玉ができるだろうかと試してみる。） ・友達の気持ちや友達のいいところを感じたり気づいたりしながら，共通のイメージを楽しむ。 （例：自分で太鼓を作りながら「もっと大きい音が出ないかな」と言っていると，「これで作ったらいいんじゃない？」と友達が別の素材を持ってきて一緒に作る。）

ⓓ

ⓓ

1　年／2　年	育みたい力の観点	
・直接体験を通して，感じたりイメージしたり表したりする表現活動に興味をもち楽しむ。	関心・意欲・態度	表現科 ⓑ
・様々な感覚をはたらかせる活動を体験し，感じたことを一人ひとり自分の中に蓄積することができる。 ・いろいろな感覚を使ってバランスよくはたらかせることができる。 ・様々な感覚をはたらかせて感じたことをそっくりそのまま取り出したり，自由に変形したり，解体したり，再構成したりすることができる。	感じる力 イメージする力	
・イメージしたことを「音」「色・形・質感」「動き」「言葉」など多様な方法で表すことができる。	自分の思いを表す力	
・友達との表現の違いに気づき，そのよさを認めることができる。 ・友達の表現方法を互いに共有し，相手の思いを受け止めていくことができる。	相手の思いを受けとめる力 双方向に表す力	

＜表現科　教科目標＞
様々な感覚をはたらかせながら感じ，イメージし，表すという一連の表現活動のプロセスを通して，表現する力を培う。

図−3　「発見・表現の時間」，発見科，表現科の目標系統図

	年長	1年	2年	
		自分で育てて確かめよう 虫さんとなかよし カタツムリ大けんきゅう		飼育
	さがそう・遊ぼう・育ててみよう ウサギと遊ぼう ザリガニを飼ってみよう レンガに隠れている虫を見つけよう ワタリガニを飼ってみよう カブトムシを飼ってみよう	生長の変化を観察しよう きれいな花をさかせよう 土の中はどうなっているのかな	よく見て違いを見つけよう ？のやさいを種からそだてよう	栽培
	見てみて・触って・食べてみよう やきいも（サツマイモの栽培） ミニトマトの個人栽培 ピーマン・ナスをクラスで栽培 アスパラガス大発見（生長の観察） ドングリクッキーづくり ヨモギ団子作り	細かなところまでじっくり見よう しぜんビンゴ ふゆカルタ	季節による変化を見つめよう 田に来る生き物を見よう	遊び（自然）
		いろいろな素材の特性を生かして遊ぼう うくもの・しずむもの、風・空気とあそぼう、音であそぼう、しかけをつなげよう		遊び（ものづくり）
	トンネル迷路作り ドミノだおし作り 自然（木の実、泥、石、葉等）と遊ぼう 住んでみたい おうちを つくろう！ 身近な物で楽器を作ろう バッタのお祭り みんなでこま回しをしよう！	先生・家族の仕事を調べよう 家のしごと大さくせん	街の人の仕事を調べよう ゆうびんのひみつをさぐろう	仕事
	作って・創って・大変身 みんなの船でたびをしよう ダンスチームコンサート 劇遊び	誰のものか考えよう これはだれのものかな	たくさんの人が集まる場所のひみつを調べよう えきのひみつみつけたんけん	公共
		○○を感じよう 身近な自然・季節・天気・物・人など	イメージをうつそう 音・言葉に色や形に、身体に （ふくらまそうシャボン玉） 世界で一つだけのオリジナル花火を作ろう？	見立て遊びでイメージを広げよう ふろしき、タイヤ、かさなどを使って
	お店屋さんを見てみよう やってみよう○○を！ なってみよう○○に！ お店屋さんになろう 家族ごっこ	○○を表そう 音やリズムを中心に 色や形を中心に 身体表現やダンスを中心に 言葉を中心に	お話作り（台本）	
		げきで表そう いろいろな表現方法を組み合わせて	つくって表現！！オリジナル劇 （しゃぼん玉のぼうけん） （いいものもらった）	

図－4　「発見・表現の時間」，発見科，表現科の内容系統図

（発見科・表現科学習開発部会）

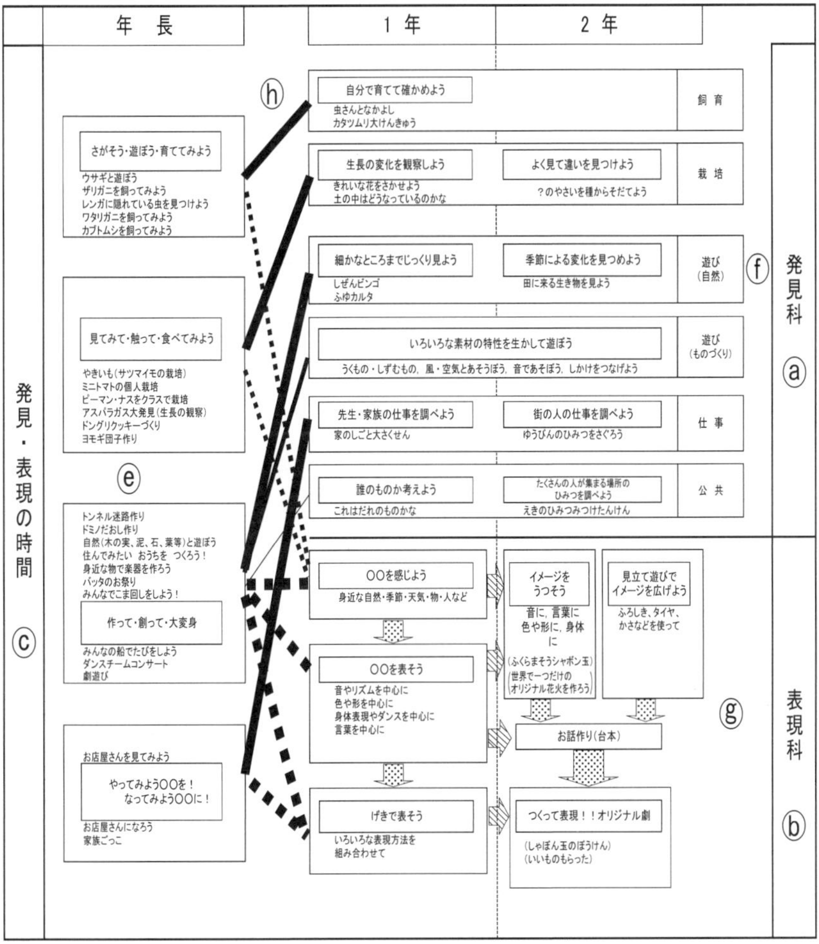

Ⅲ．発見科・表現科（学習）の保育・授業実践例

発見・表現

みんなでこま回しをしよう！

実践事例①「発見・表現の時間」　（５歳年長）

こうして育てる！
“もっとやってみよう”“もっと試してみよう”
という思いをもって意欲的に取り組む力

「みんなでこま回しをしよう！」に関する発見・表現の時間の目標

① こま回しを通して，試したり挑戦したりする面白さを味わう。【身近な自然や物や人に積極的にかかわること（A）】

② 自分が回したこまに五感を働かせ，回っている時のいろいろな変化や現象に気づく。【様々な感覚を働かせて感じること（B）】

③ 自分なりに試したり挑戦したりしながら回して得た発見を生かし，工夫して回すことを楽しむ。【発見したことや考えたことを表したり発展させたりすること（C－1）】

④ こまを回していく中で感じたことやイメージしたことを生かしながら自分なりに表したり，工夫して回したりする楽しさを味わう。【感じたことやイメージしたことを表したり発展させたりすること（C－2）】

■ この単元は こうして進めた！

回すことに挑戦する

こま回しに挑戦だ！

ぜんぜんまわせんよ

ちょっとやってみよう

子ども

○ 紐を巻いてみよう！

○ 紐を巻いたこまを持ってみよう！

○ こまを投げてみよう！

ひもを　ていねいに まかないと　うまく まわらないんだね

目的をもって回してみる

こま回しは楽しいな（回せるようになったよ）

子ども

○ たくさん回したいな！

○ モールをつけて回してみたよ

○ キラキラテープを貼ったらきれいだね

○ ベニヤ板の上で回してみたよ

○ 技に挑戦だ！

◎ 発見や考えたことを友達と伝え合う

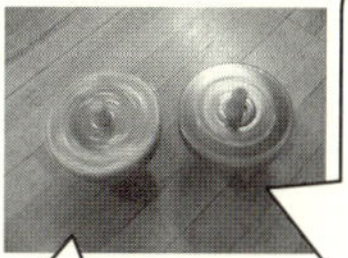

キラキラテープをはって　まわすと　CDがまわっているときみたいに

こまから　かぜがでてる

すなばで　まわしたら すなに　あながあいた

もっと試してみよう！もっとやってみよう！

みんなでこま回しをしよう！

技の練習だ！

ここで回ったらどうなるだろう？

こんなところで回るだろうか？

キラキラテープやモールをつけてみよう

子ども

○ すべり台で回そう！

○ 水溜りの中で回るかな？　○ いろいろな色をつけて回してみよう！

○ 綱渡りの技をやってみるぞ！　○ ブランコの椅子の上で回せるかな？

○ 築山のてっぺんから回してみたよ　○ 砂場で回してみよう！　他

「実践の効果」をあげるための二つのポイント

POINT① 一人ひとりの様子に応じたかかわりや環境構成

■ 一人ひとりの様子を見取り，それらにあったかかわりや環境構成が「もっとやってみよう！」とする意欲を高める！

子どもたちは初めてこまを回せたことや回していく中で偶然，発見したことなどを嬉しそうに保育者に伝えに来る。その時，子どもの話に耳を傾け，共感し，しっかりと認めていった。同時に回せたことに喜びを感じ“もっとまわしてみよう”と思ったり，発見したことに嬉しさや楽しさを感じたりできるような言葉をかけていくようにした。

子どもの発見を保育者が写真に収め，掲示板「はっけんコーナー」に掲示した。例えば，机の上でこまが回る様子やモールとこまが一緒に回っている様子，装飾されたこまがきれいな色で回っている様子などの写真を掲示した。

子どもたちのほとんどが自信をもってこまを回すようになると，今度は，回す場所や回っている様子に着目するなど目的をもってこまを回し始めた。そこで子どもたち一人ひとりがどんなところに目的をおいてこまを回しているのか注意して見ていくようにした。そして，子どもたちの遊びが発展していくよう幼稚園と小学校の教員で，今後どの場面で，どのような素材を提供していくことが適切であるか教材研究を定期的に行った。いろいろな素材を利用しながら様々な方法で回し，どのようになるかを試すことができたので，素材の利用方法に関しての保育者の幅が広がった。また，教材研究の時にこま回しをする子どもの様子も伝え，保育者の子どもの様子の見取り方について話し合ってきた。それにより，保育者が子どもたち一人ひとりの様子を確実に見取ることができた。そして，これらの教材研究を生かしながら，一人ひとりの目的に合わせたかかわりや素材の提供をしていった。例えば，子どもがこまを装飾して回すことを楽しんでいる時があった。この様子に合わせてキラキラテープだけでなく蛍光テープ，キラキラモールなども用意してすぐに使えるようにした。また，こまがテーブルの上で回った時，テーブルを傾けてみると回転しながら下っていくことに気づき始めた子どもがいた。その時，ベニヤ板を出し，板の傾斜の角度やコースを子どもたちが考えてできるようにした。そして，技に挑戦する子どもの姿があれば，保育者も一緒にやってみながら一人ひとりの様子に応じてアドバイスをし，子ども自身が回す中で技のコツに気づけるようにかかわった。

POINT②　交流できる場の提供

■　遊びを広げたり深めたりしていくには，発見したことややってみてできたことを友達同士で伝え合う機会を設けることも大切！

子どもたちは，自分の発見ややってみてできたことを友達に聞いてもらうことを喜ぶ。また，友達の発見などを聞いて楽しんだり驚いたりする。そして，そのことから新たな考えが浮んだりイメージしたりもする。そこで，自分が試して発見したことややってみてできたことをクラスの中で友達と伝え合い，交流できる場を設けていくようにした。そうすることで，次のような効果が期待できると考えた。

①　自分の発見やできたことを友達に聞いてもらったり，見てもらったりした喜びから，繰り返しやってみる中で新たな考えが生まれ，工夫して更にやってみようとする。

② 友達の発見を自分が取り組んでいることに生かし，工夫してやってみることで，新たな発見があったりできるようになったりする。

この実践における「教育的効果」を考察する！

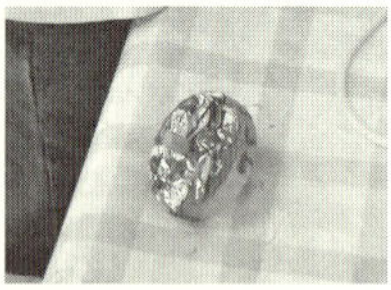

1．【身近な自然や物や人に積極的にかかわること】に関して

保育者のかかわりや環境作りにより，こま回しに興味をもたなかったり，“できそうにない”と思ったりしていた子どもたちが少しずつ回せるようになっていった。その時，こまを回せたことへの喜びや嬉しさを保育者や友達と共有していったことで，子どもたちはこま回しに自信をもったようである。この自信が，子どもたちの“もっとやってみよう”とする意欲につながり，積極的にこまを回す中で，試したり挑戦したりすることに面白さを感じていくようになったのではないだろうか。

2．【様々な感覚を働かせて感じること】に関して

こまを回しながら，試したり挑戦したりすることに面白さを感じるようになっていく中で，ある子どもが回っているこまから音がすること（床との摩擦で）を発見し，「おとがしよる。（出ている）」と驚いた声で保育者に伝えに来た。そして，何度も回しながら音が出ているこまの様子をじっと見たり，耳を傾けたりして音が出るこまを楽しんでいた。こうした様々な感覚を働かせた中での驚きや感動は子どもたちに活動への意欲や関心を抱かせ，その活動の過程から子どもたちなりに新たな発見を見出していくものと思われる。

3．【発見したことや考えたことを表したり発展させたりすること】に関して

目的をもって回し始めた子どもたちに対し，保育者が一人ひとりの思いに合った素材の提供をしたことで，子どもたちのこま回しが次のような発展へとつながった。

キラキラテープなどを貼って回す子どもたちのこまを見ると，日が経つご

とに何枚も貼り重ねてあった。子どもたちは，装飾したこまが回った時の色の変化や美しさを楽しんでいた。子どもたちは，シールを貼って回してみて発見したことを生かそうと，今度は“こういうふうにはったらどうだろう？”と考えながら工夫して回していた。傾斜でこまが下っていくことを発見した子どもは，ベニヤ板を利用し傾け方によってこまの動きが変化することやこまが下っていく長さの違いを発見することができた。更にすべり台や，築山のてっぺんなどいろいろな傾斜のところで回してみようと新たな挑戦をしていた。このように，一人ひとりの様子に合わせた素材の提供が“こうやってみよう”と工夫しながら回すことや“こういうふうにしたらどうなるだろう”と試しながら回していくきっかけになり，遊びが発展していったと考える。

また，綱渡りや手のせなどの技に挑戦する子どもたちは，自分で気づいたコツに納得し，コツを意識して繰り返し取り組むようになった。子ども自身が回していく中で，技のコツに気づけるような援助を保育者が様子を見ながらしていったことで，子どもの挑戦する意欲をかきたてた。この意欲こそ，子どもたちが気づいたことを生かしながら，繰り返し取り組む姿勢につながったと考えられる。

４．【感じた事やイメージした事を表したり発展させたりする事】に関して

子どもたちは，回っているこまから出る音や指を近づけることで感じる微風など五感を通して感じていた。こまから出る微風を感じていた子どもは「においのこなをこまにかけると　いいにおいがひろがるかも」とイメージしたことを話していたことがあった。また，こまが坂を下るという発見から逆に坂を上るこまをイメージし，“ほんとうにのぼるかな”と試す子どももいた。このように，“感じる”ということが刺激となって“こんなふうになるかな”“こういうこともできるかな”とイメージを膨らませていくことにつながった。そして，感じたことイメージしたことを実際に表したり試しながら回してみたりしようとする意欲へとつながっていった。この意欲が遊びを広げたり深めたりしていくうえで必要なことではないかと感じている。　**（君岡　智央）**

発見・表現

音であそぼう

実践事例②「発見科」　（1年）

こうして育てる！
愛着・認識の基礎・実践力

① 音作りを楽しんだり，音に興味を抱いたりすることができるようにする。【愛着】
② 楽器の製作や遊びを通して，音を出すものや伝えているものがふるえていることや，音の高さとものの長さや太さ，振るスピードとの関係に気づくことができるようにする。【認識の基礎・思考】
③ 考えた方法や見つけたことを作品に表したり周囲の人に伝えたりできるようにする。【認識の基礎・表現】
④ 思いついた方法を試したり，参考作品や他者のしていることを取り入れたりして，音で遊んだり，楽器を製作したりすることができるようにする。【実践力】

■　この単元は こうして進めた！

感じる・気づく

第1次　「音を出してみよう」　（1時間）

第1時

○いろんな方法で音を出してみよう！

たたく，こする，はじく，ふく，ふる，ぶつける

がっきを作りたい。

第2次　「音を出すものをつくろう」　（4時間）

第1・2時

○　自分で作る楽器を考えよう。

○　自分で考えた楽器を作ろう。

トレイとゴムを使って，はじくがっきをつくろ

第3・4時

○　自分の楽器を紹介しよう。

かんの大きさを変えて，いろいろな音を作ったよ。

手がびりびりしたよ。

追究する

第3次　「音のひみつをさぐろう」　（4時間）

第1・2・3時

○　素材を決めて，チャイムづくりに挑戦しよう！

竹，コップと水，ストローぶえ，ゴムとトレー，あきかん

音が変わるがっきを作りたい。

まとめる

第4時

○　チャイムはっぴょう会をしよう。

「実践の効果」をあげるための三つのポイント

POINT① ものづくりを主体とした単元構成

■ まずは自分でやってみる！感じることから思考が深まる！

音自体は目に見えないものだけに，まず自由に，自分たちで音を作り出し，遊ぶ活動を通して，聴覚，視覚，触覚など体中で音を感じ，自ら気づくことから思考を深めていくような単元構成をした。始めに，自分の考えた楽器を作り，作った楽器で遊ぶことを通してもののふるえを体感させ（第２次），次には，班で選んだ材料でチャイムを作ろうと試行錯誤することを通して，音の高低とものの長さや太さなどとの関係に気づかせる（第３次）ようにした。

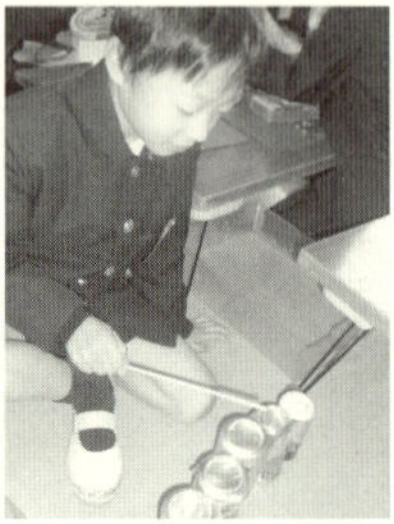

POINT② 活動を深めるための課題作り

■ 子どもたちが意欲的に考え，活動するためには，「課題作り」が重要！

課題として子どもたちに提示したのは，「チャイムをつくろう」である。教師がねらっているのは，子どもたちが課題を追求する活動を通して，音の高低とものの長さなどの関係に気づくことであり，チャイムの音程が完成しなくてもよいと考えている。課題を投げかける時に考えたことは，次の２点である。

① 課題の程度が子どもの実態から見て適切であること。

② 課題を提示するタイミングが適切であること。

①の課題の程度については，幼稚園での音作りの経験や，１年生になっ

てからの音楽科での学習経験を考慮し，子どもたちに身近でなじみのある「学校のチャイム」の音程を作ることを課題にした。

②の提示するタイミングについては，まず一人ひとりが自分の作った手作り楽器をみんなに紹介し，音を出して十分楽しむ。その後，教師が塩ビ管で作った手作り楽器を子どもたちから見えないようについたて越しにチャイムの音色を演奏して聴かせ，みんなも作ってみようと投げかけた。

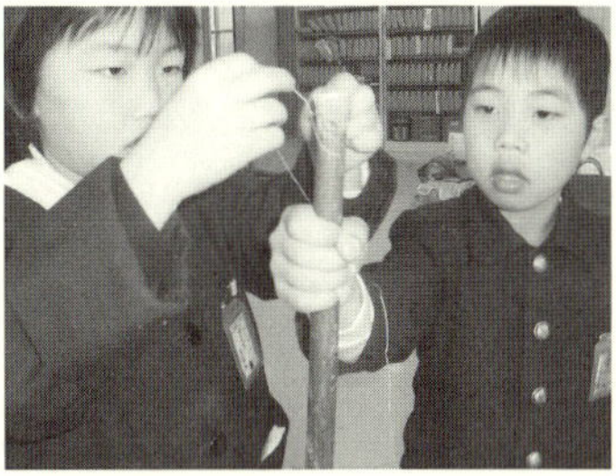

POINT③　ねらいにせまる素材の選定

■　子どもたちの課題解決のためのアイディアが子どもたちの手で実現できる素材を提供！

第２次で製作した手作り楽器を第３次のチャイム作りに使えれば一番よいのであるが，子どもの手では加工，改良しにくいものが多い。そこで，子どもたちが課題解決に向けて試行錯誤し加工できる素材［竹，コップと水，ストロー笛，ゴムとトレイ，空き缶］を提示し，班で選ばせることにした。また班での作業が安全にでき，かつ他の班の工夫も見れるよう活動場所も考慮した。

エアコンのホースは，活動場所の広さの関係で今回は教師演示とした。振り回すスピードで音の高低を変えることができるし，長さでも音の高低を変えることもできる。音色もよく，振り回すという動作も楽しいので，授業後には子どもたちは夢中になってホースを振り回し，チャイムの音程に挑戦していた。

この実践における「教育的効果」を考察する！

1.【認識の基礎・思考】

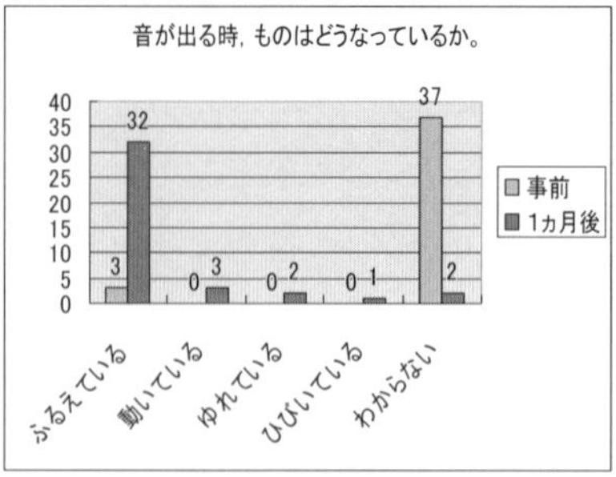

図－１　もののふるえについての理解

授業後１か月たって，クラスの子ども全40名に音が出る時，ものはどうなっているかをたずねたところ，「わからない」と答えた２名をのぞき，「ふるえている」「動いている」「ゆれている」「ひびいている」の４種類の言葉で理解できていた。自分で作り体感したことが認識の基礎をしっかり定着させていると推察される。（図－１）

また，音の高低とものとの関係については，40名中35名が音とものの長さの関係について理解している。（表－１）

表－１　音とものの長さの関係の理解

ストロー笛の音を変えるには	人数（人）
ながさをかえる	35
リードの加工	2
反対にする	1
強く吹く	1
わからない	1

2.【愛着】【協同的な場の設定】

事後の感想では，音の学習を「すごく楽しかった」，「楽しかった」と答えた子が40名中39名であった。音に対して興味を持ち，楽しみながら課題に取り組んだことが分かる。「あまり楽しくなかった」と答えた子が１名いた。なぜ楽しくなかったかをたずねたところ，チャイムが完成しなかったからということであった。彼は自分の手作り楽器作りでは，ギターのような楽器を作り，輪ゴムの長さを調整できるようにして，音の高低の変化に気づいていた。いざチャイム作りになると班活動ということもあり，満足のいく活動ができなかったようである。表－２からも班で協力することや友達のアイデアを取り入れることができたと思っている子が少ないことが分かる。もっと一人ひとりが「チャイム作り」の課題に取り組みたいと思っていると推察できる。課題の内容や子どもの実態等も考慮して，どのような形態で学習することが目的に向けてより意欲的に，より有効に活動できるかということを考えていきたい。

表－２　音の学習でついたと思う力

つ　い　た　力	人数（人）	割合
自分で考えること	37	93%
工夫すること	30	75%
あきらめずとりくむこと	38	95%
友達のよいところを取り入れること	22	55%
友達に教えること	27	68%
班で協力すること	26	65%
学校外でも取り組んだ	32	80%

３．【実践力】

表－２にもあるように，９割を超える子どもたちが自分で考え，あきらめず取り組むことができた。また８割の子どもたちが授業後も家庭等で音作りをしたり，音に興味を持って本を読んだりしている。直接体験が多くの気づきや疑問を生み，探究意欲を高め，次の活動へと広がっている。

（金田　敏治）

発見・表現

しかけをつなげよう！

実践事例③「発見科」 （２年）

こうして育てる！
愛着・認識の基礎・実践力

① 物を転がしたり倒したりして遊ぶことやおもちゃ作りを楽しめるようにする。【愛着】

② 遊びや製作を通して，物を転がす際の傾斜と速さの関係や転がし始める高さと速さの関係，重さと力の関係，速さと力の関係等に気づくことができるようにする。【認識の基礎・思考】

③ 考えた方法や見つけたことを作品に表したり周囲の人に伝えたりできるようにする。【認識の基礎・表現】

④ 思いついた方法を試したり，参考作品や他者の方法を取り入れたりして，遊んだり製作したりできるようにする。【実践力】

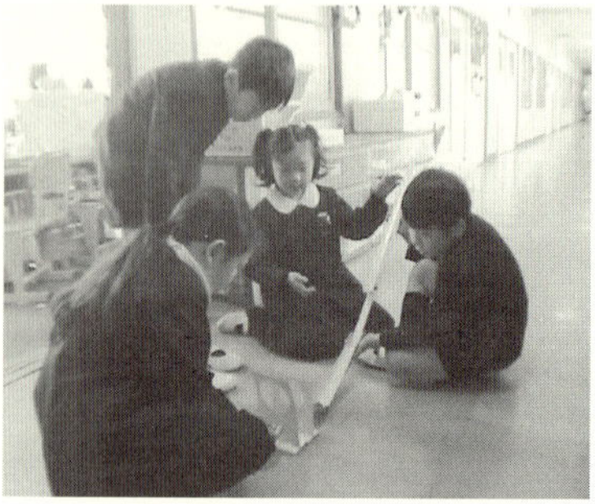

■ この単元は こうして進めた！

素材や事象の特性に着目

第１次　「ころがしてあそぼう」　（４時間）

第1・2時　◎コロちゃん（俵転がし）を作って遊ぼう！
　〇玉を自分で選んでコロちゃんを作る。
　〇気づいたことを交流しよう。

> 大きな玉を入れた方が速く回ったよ。

> コルク板の方がたくさん回るね。

第3・4時　◎コロちゃんや玉を転がして遊ぼう！
　〇工作用紙でレーンを作ろう。
　〇転がして遊ぼう。
　　・どこまで転がるか競争　・どの玉が速いか競争
　　・レーンをつなげよう　・玉でドミノ倒し　・吹いて転がそう
　〇気づいたことを交流しよう。
　〇友達が見つけたことを試してみよう。
◎玉をジャンプさせよう！
　〇ジャンプ台を作ろう。
◎コースをつなげたもの（コロコロマシーン）を見てみよう！

> 玉の種類によって距離が違ったよ。

> 高いところから低いところへ転がるよ。

> 木の玉だと倒れないけど，鉛だと倒せたよ。

> 先を少し曲げるとジャンプしたよ。

> うまく跳ばないよ。なぜかな？

> すごい！　楽しい！　自分も作りたい！

第２次　「コロコロマシーンを作ろう」　（５時間）

第1時　◎班毎にコロコロマシーンを作って遊ぼう！
　〇ゴールの旗がゆれる参考作品を見てみよう。
　〇レーンや空箱などを利用してコースを作ろう。
　〇参考作品や他の班も手がかりにしよう。
　〇気づいたことを交流しよう。

> 急な坂にするとよく転がることが，コロちゃんと同じで，びっくりしたよ。

条件の設定

着目したことを問題解決に生かす

第2時　◎玉をジャンプさせて輪をくぐらせよう！
　〇輪をくぐる仕掛けが加わった参考作品を見てみよう。
　〇輪をくぐらせる方法を工夫しよう。
　〇気づいたことを交流しよう。

> 途中で止まったよ。なぜかなと考えると，坂になっていなかったよ。

> 坂を高く急にしてスピードをつけるとよく跳んだよ。

第3時　◎いろいろな方法を試して，玉をジャンプさせよう！
　〇失敗を気にせず，いろいろ試してみよう。
　〇気づいたことを交流しよう。

> なぜ，急にしないといけないのかな？

> 小さなビー玉は10cmぐらい跳んだのに，大きいのは1cmぐらいしか跳ばなかったよ。なぜかな？

第4・5時　◎玉を高くジャンプさせよう！
　〇高くジャンプさせることができている班の理由を話し合おう。
　〇他の班の参考になるところを取り入れて作ろう。
　〇より高くジャンプさせている班の様子を見て，理由を交流しよう。
　〇自分たちの班も，高くジャンプできるようにしよう。

> 長くて急な坂だと，よく跳んだよ。

> 坂を急にして，最後の方を丸くすればいいんだ。

「実践の効果」をあげるための三つのポイント

POINT① 前時までの体験が生きる単元構成

■ 試行錯誤する過程を経て成功体験を味わうことが，チャレンジする意欲を高め，思考を深める！

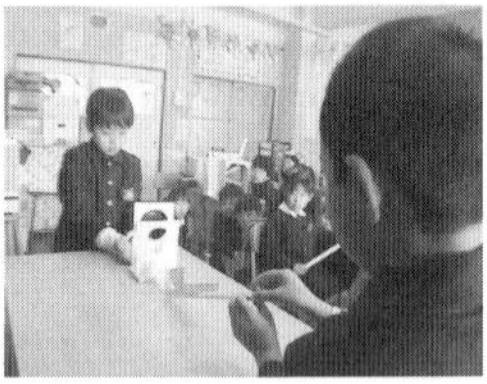

前半では「おもりを利用したおもちゃ作り」「玉を転がす遊び」「玉を転がし跳ばす遊び」を行い，玉の重さ・坂の傾斜・転がし始める高さと速さ・力等の関係に着目できるようにした。子どもたちは遊びや製作を楽しみ，試行錯誤する中で「どうすればよいか」と主体的に活動を進めていった。そして，自分が働きかけた結果を受け止め，素材や現象の特性に着目していった。後半では，「玉をジャンプさせて輪をくぐらせること」を条件に設定し，前半の活動で見出したことをもとに問題の解決に向けて取り組んでいった。

POINT② 試行錯誤を意味あるものとするための環境構成

■ 活動の中で子どもたち自身が，特性や問題解決の糸口を見出すためには，環境構成の工夫が重要！

子ども自身が解決に向けての見込みを抱き，試行錯誤する中で対象の特性を体感していくことが必要である。そこで次のような環境構成を行った。

① 違いに気づきやすくするための素材の準備

数種の素材・重さ・大きさ等が違う玉や長さの違うレーン等を準備した。

子どもたちは，遊びの中で玉の重さと物を倒す力や跳ぶ距離等の関係に気づいていった。

②　自分で見て学ぶための参考作品の設置

参考作品と自分の作品を見比べたり実際に試したりすることで，問題解決の手がかりを見つけていった。

POINT③　協同的な活動の醸成

■　活動を自らが展開し，思考を深めていくには，子どもたち相互のかかわりが重要！

自分が見つけたことや考えを他者に説明することは，理解を深めることにつながる。また，アドバイスしてもらうことによって，問題解決への見通しを持ち活動を進めていくことができるようになる。そこで，子どもたちがお互いにかかわり合いながら，問題解決に向けて取り組める環境を構成した。

①　小集団を単位とした製作

４人の班を単位に活動することで，手助けやアイディア・製作方法の情報交換がよく行われ，ともに活動する楽しさや友達のよさに気づいていた。

②「おたすけ板」の設置と「見て見てタイム」の設定

班内で解決できないことを書いたカードを「おたすけ板」に掲示することで，他の班からアドバイスが得られるようにした。また，活動の最中に１～２分という短い時間でも，他の班の様子を見る場を設定することで，他の班からも問題解決の手がかりを得ることができるようにした。

この実践における「教育的効果」を考察する！

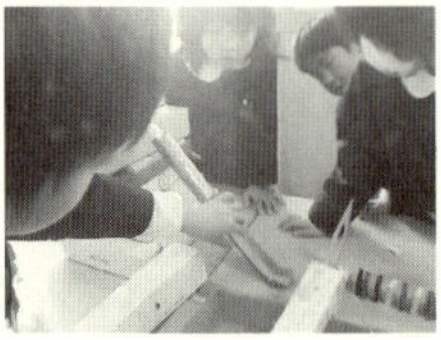

1．認識の基礎（思考）の育成

子どもたちは，遊びや製作の中で様々な特性を見出した。図－1のグラフは，単元前後の，同一の質問（「物を転がしたり倒したりする遊びや，おもりを使った遊びをしていて，気づいたことや知っていることを教えてください。」「物を転がしたり倒したりする遊びや，おもりを使った遊びをしていて，疑問に思ったことを教えてください。」40名）に対する自由記述の回答件数の合計を，内容別に分類したものである（単位は件数）。

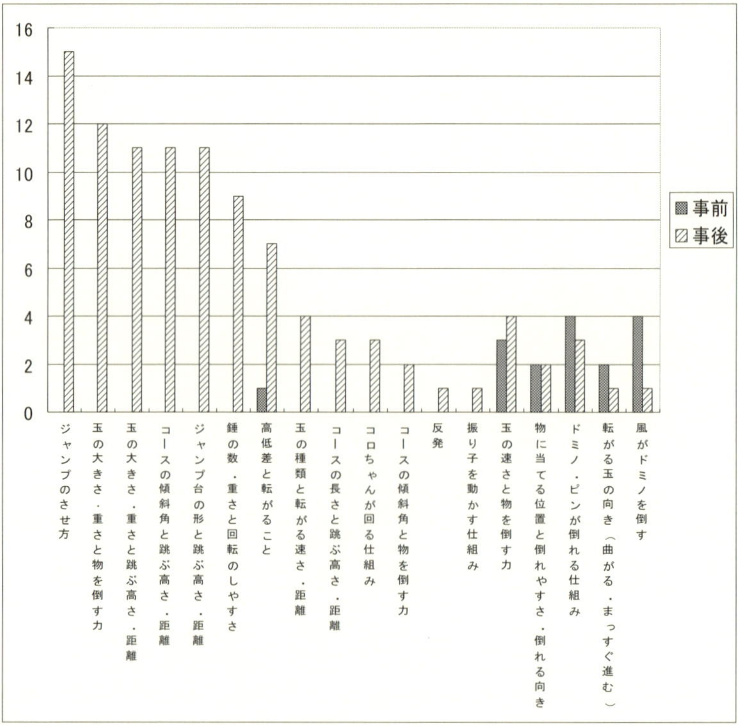

図－1　「物を転がしたり倒したりすること」について，知っていること・疑問の合計

グラフを見ると，多くの項目において単元後の増加が見られる。中でも，0件から10件を超えたものが5種類ある。そのうち4種類は，単元目標に設定した二つの事柄の関係についてである。また，一人当たりの平均記述件数は単元前後で1.15件から3.15件へと増加している。

着目させたい事柄についての気づきの増加は，本単元の成果である。その様子は活動中の言動や日記の記述からもうかがえた。第1次で見出したことを第2次で生かすことを意図して単元を構成したが，気づきには，個人差があり同じ事柄について第1次で見つけた子どももいれば，第2次で見つけている子どももいた。しかし，単元全体でとらえると，前の活動が次の活動に生かされていた。それは，気づきの交流，子どもどうしのアドバイスや参考作品が有効に機能していたためと考えられる。

2．試行錯誤することの楽しさ・大切さの実感

単元後に,「工夫する楽しさ」「あきらめない態度」「失敗することの大切さ」について4段階で尋ねた（40名）。その結果を示したのが図－2である。

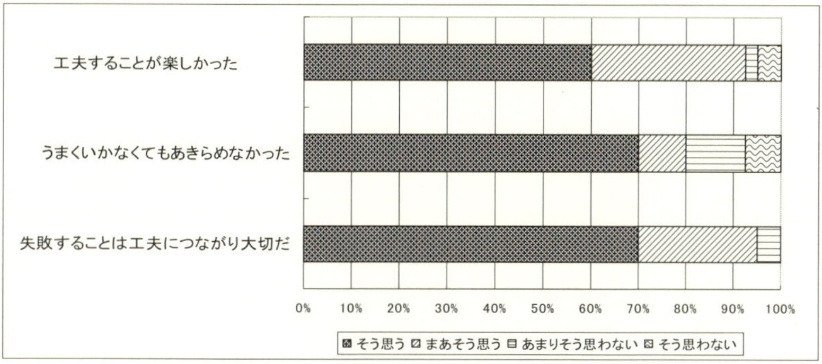

図－2　試行錯誤することの捉え

三つの項目全てにおいて肯定的な回答をした子どもの割合が高く，本単元の学習を通して，試行錯誤し問題の解決を進めていくことの楽しさ，大切さを感じることができたと言える。

（石井　信孝）

発見・表現

世界で一つだけのオリジナル花火を作ろう

実践事例④「表現科」 （2年）

こうして育てる！
表現する力

① 花火をイメージしたり表したりすることを通して，ことばや絵，音などを組み合わせて表現することに，楽しさや面白さを感じることができるようにする。【感じる力】
② 花火からイメージしたことを組み合わせたり，変形したり，想像したりすることができるようにする。【イメージする力】
③ 感じたこと，イメージしたことを，ことばや絵，音などを組み合わせながら表現することができるようにする。【表す力】
④ 他者を意識して，よいところやまねをしたいところなどを見つけながら表現を見ることで，お互いの表現を高めていくことができるようにする。【相手の思いを受け止める力・双方向に表す力】

■　この単元は こうして進めた！

感じて・イメージする！

第１次　作りたい花火の絵を描き，花火のイメージを膨らませよう（２時間）

第１・２

○絵本「ねこのはなびや」を見て，自分が作ってみたい花火のイメージをもち絵に表してみよう！

ぼくは大きな花火をたくさんうちあげたい

わたしは大好きな魚花火にしてみるよ。

イメージを膨らませながら表す！

第２次　グループごとに花火をつくろう　（４時間）

第１時

○グループのみんなで，テーマのイメージや伝えたい花火の様子をことばで表してみよう！

「ふわふわ」だからついたり消えたりがいいよ。

第２～４時

○テーマに合うような花火の絵や動きを考えよう！

２枚の絵を重ねてひっくり返しながら動かすと，ついたり消えたりしているように見えるよ。

第３次　できた花火に音をつけて完成させよう（４時間）

第１時

○試しながら花火に合う音はどの材料を使うといいか考えよう。

小豆をいれてふってみたら花火が打ち上がる時の音になるね。

第２～４時

○イメージに合う「音」と，花火の「絵」の動きを合わせながら練習しよう。
○他のグループの表現を見て，自分たちの花火に生かそう。

音と花火の動きのタイミングを合わせないと伝わらない

相手の思いを受け止め，双方向に表す！

第４次　発表会をしよう　（１時間）

○オリジナル花火を見合おう！

どのグループもイメージにあった花火になっている

「実践の効果」をあげるための三つのポイント

POINT① 前年度までの経験が生きる題材の設定

■　これまでの学びや経験を生かす！積み上げや繰り返しを意識した題材を設定することで表現する力をのばす。

子どもたちは，前学年で「身体全体を使って感じる活動」や「様々な表現方法に出会う活動」を行っている。今回はその経験を生かしながら，表現にさらに広がりをもたせるため「表現方法を組み合わせて表現する活動」に重点をおいた。そこで，まず子どもたちが一度は体験したことのある花火を題材にし，絵本の読み語りや体験などの交流によって花火のイメージを持たせた。そして，そのイメージを「ことば」や「絵」,「音」などの表現方法を組み合わせながら世界に一つしかないオリジナル花火として膨らませ，表現するという題材を設定した。

POINT② 表現をさらによりよくする協同的な活動

■　さらによりよいものを作り上げるには，協同して活動する喜びを感じさせることが大切である。

① 集団での活動

一人ひとりのもっているイメージも素晴らしいが，さらに膨らませていくためには，集団で協同しながら活動を進めることが必要である。今回は，集団内で全員が発言をし，一人一役で表現ができるように，４～６人の少人数グループを作った。個人では気づかなかった

表現方法や発想の面白さなど，お互いに意見を交わしながら練り合うからこそ，その表現には深みがでてきた。

②　モデルグループの発表を見合う場面の設定

花火の絵や動き，音のタイミングが揃い，強弱や速さの変化などを意識しながら表現していたグループの発表を活動の中盤で見合った。そこから，自分たちにはない絵の動かし方や音の出し方などを発見することができ，その後の自分たちの表現に生かすことができた。

POINT③ 表現に広がりや深まりを持たせる環境構成の工夫

■　表現活動しやすい環境（場，時間，材料など）を工夫することで子どもたちのイメージや表現がさらに膨らむ。

①　活動しやすい場の設定

イメージを言葉に表したり話し合ったりする場合は，教室など小さな場の方がお互いの意見や考えをまとめやすい。しかし，花火をつくっていく際,「大きさはこのくらいよ。」「キラキラのテープをいっぱいちりばめて光らせよう」など,子どもたちのイメージは刻々と膨らみ続ける。そこで,できるだけ物の少ないフリースペースの場を設けた。それぞれのグループの音も気にならなかったり，実際に壁に貼って練習したりと効果的に活動をすすめることができた。

②　イメージが膨らみ，表現に繋がるような材料の準備

「こんなふうにしたい」という子どもからの要望が瞬時に表現に生かせるよう，絵に表したり，音を作ったりする材料を予想し，種類や数量など豊富に準備しておいた。子どもたちは特に割り箸やストロー，折り紙，綿などの材料を使いながら，折ったり貼ったり，材料と材料を組み合わせた

りして表していた。また，音を出す楽器作りについては，音の強弱や違いが出しやすい楽器を作ることが予想された為，子どもたちの思い浮かぶ音に近づくよう，紙コップや輪ゴム，ビー玉，ペットボトルなどを用意し，実際に教師が音を出しながら必要に応じて提示をし，子どもたちの花火の音のイメージを広げていった。

この実践における「教育的効果」を考察する！

1．花火を全員で共通体験することは安全面を配慮すると行うことはできないが，花火を題材にした絵本の読み語りをしたり，今までの花火の経験を出し合ったりすることで，一人ひとりが楽しみながら花火を感じることができ，イメージを膨らませるきっかけとなった。

2．今回は子どもたちを「花火やさん」とよぶことで，今まで見たことのない，世界で一つだけのオリジナル花火を作ることに意欲をもたせた。「○○の花火なんてむりよね。」という発言に対して，子どもたちの中から「いいんよ。だれも見たことない花火をつくるんじゃけ。」という声が聞かれた。今までの花火に対する固定観念に固執することなく，自分たちがイメージをした花火を様々な材料を使い，ことばや絵，音などを組み合わせて楽しみながら作るという設定は，イメージを膨らませたり，表現する楽しさを感じさせたりするのに効果的だった。

3．小集団で作り上げる際，子どもたちが第１次の学習で出し合った花火を８つのカテゴリーに分けグループ編成を行った。自分が最初にイメージした花火に近いものや，表現をしてみたい花火を自ら選び，４～６人のグループを決定した為，意欲的に活動を行うことができた。また，製作に入る前，言葉で自分たちの表したい花火を書き，イメージを明確にしていくことで，

それぞれの花火の方向が定まったようだ。（図－１）

①	海の生き物花火……	泳いでいるような。水の中の花火。ゆらゆら
②	動物花火……………	いろんな動物や虫たちがでてくる花火
③	おばけ花火…………	こわそうな。見ている人が泣いてしまうような。
④	キラキラ花火………	「きれいだな」といってもらえるような。
⑤	ふわふわ花火………	雲のうえみたいに。流れるような。時々消える

図－１　イメージする花火を言葉で表した例

今回はオリジナル花火を「ことば」や「絵」，「音」等で表した。表現方法の一つである「音」では，ペットボトルの水の音色を花火の打ち上げ音として使っていた「海の生き物花火」など，自分たちの花火の絵や動きに合う音を意識して見つけ，表しているグループもあった。これらの「様々な表現方法を組み合わせながら表現する活動」を今後も繰り返し経験させ，さらに「表現する力」につなげていきたい。

4．自分たちの花火をよりよくしていこうとする際，他のグループの発表を見合うことは，他のグループのよいところを見つけ，自分たちの表現に生かそうとする姿が見られ，効果的だった。相手の思いを受け止め，双方向に表す力を育む一歩となった。

〔子どもたちの振り返りより〕

○　「キラキラ花火」のグループは，花火のうごきや音がぴったり合っていました。音もすごくきれいでした。ぼくはつるをとばすので，絵にあわせて高くとぶようにしたいです。

○　ぼくたちは，モデルをやってはずかしかったけど，みんなが「きれい」と言ってくれたからすごくうれしかったです。次の時間もがんばります。

（大橋　美代子）

コラム

「発見」と「表現」の発達過程を「実践の事実」はどこまで明らかにできたのか

山梨大学教授　加藤　繁美

一般に「発見」は直感とともにあり,「発見」すると同時に対象のもつ「意味」の世界を一瞬のうちに了解する,そんな営みだと考えられている。つまり,子どもたちは「発見」すると同時に,その「意味」するものの全体像を,「わかった」という感覚と共に,ある種の身体イメージとして具体化しているのである。

しかしながらこの「わかった」という感覚を，いざ言葉で説明しようとすると，これがけっこうややこしいのである。何といっても，身体の世界で感覚的につかんだ「意味」の世界を，言葉を中心とした記号の世界に置き換えようとしたとたんに,「わかった」はずの世界が，全く異質なものに転化してしまうから厄介なのである。

もっとも，この厄介な営みを，ただ大変だからという理由で，避けて通ろうとしたとたんに，今度はせっかく経験した「発見」の世界が，一瞬のうちに水泡に帰してしまうのである。身体で体験したことは,「記号」に置き換えて意味づけないかぎり，意味を自覚・認識することは困難だからである。

つまり,「発見」したことは「表現」することで初めて，子どもたちに認識されることになるのである。そしてそういう意味で,「発見」と「表現」は対の関係として組織されて初めて意味を持つのであり，広大三原が提案する「発見科」と「表現科」も，常に深い所で連関しながら組織されることが要求されることになっていくのである。もっともこれが，子どもたちの集団的・探求的活動へと発展していけば，それはたちまち協同的創造活動へと発展することになるわけだから，それは「発見科」と「表現科」の関係を超えて，さらに創造的に展開していくことになる。

問題は，このように子どもの「発見」を起点に縦横無尽に発展する活動の生成・発展過程を，カリキュラム論の中にどのように位置づけることが出来るかという点にある。つまり，子どもの「発見」を起点にオープンエンディッドに発展していく活動の展開過程を，正当に位置付けるカリキュラム論が，どうしても必要になってくるのである。

明らかにしなければならない点は，いくつかある。一つは，こうした活動を通して形成する力（能力）の目標をどのように設定するかという問題である。一般的にこうした活動の目標は，「○○を表現する力」とか，「○○で考える力」といった方向目標で語られることが多いが，そうした抽象的な目標論で活動の意味を語りつくせるのかという問題が，それである。

二つ目に明らかにしなければならない問題が，実践評価の問題である。これは，先の目標論と深く連動することになるのだが，子どもたちが「発見」し，「表現」した世界を，どのような形で発展させていくことができれば，保育・教育目標を達成したと言うことができるのかという問題だといえばいいであろうか。

たとえば，子どもたちは他愛もないものに興味を持ち，それに主観的な論理をつけることで，けっこう満足したりするのである。こうして形成された生活的・主観的概念と科学的・論理的概念との接点を作り出していく点に，「発見科」「表現科」の醍醐味があることはもちろんなのだが，これを年齢や発達段階にふさわしく発展させていく実践とはどのようなものであり，それはいったい，どのような実践の記録によって実証されることになるのか。まさにその点が，問われているのである。

重要な点は，思考する子どもの力の発達を，具体的に子どもの姿で語っていく点にある。そしてそうやって思考力を発達させる子どもたちの事実の中に，人間的知性発達のダイナミズムを位置づける点にある。広大三原の実践が，こうした実践の記録を通して，子どもたちの思考発達のダイナミズムをいったいどのように描き出そうとしているのか，まさに実践を見る私たちの興味は，その点に注がれることになるのである。

第４章　協同的創造学習で育った子どもたち

Ⅰ．協同的創造学習で育った子ども

「やったね！」

「ホントどうなるかと思ったけど，成功したね！卒業を前にいい思い出をつくることができて，本当によかった！」

選択音楽科でオリジナルミュージカルを発表し終えた９年生たちは，興奮した様子で抱き合ったり，肩をたたき合ったりしていました。このような満足感を得ることができたのは，一つのものを創り出すために，納得いくまで話し合い演じ合うことで，いくつもの困難を乗り越えてきたからなのです。少しでもよいものを多くの人にみてもらいたいという思いが生徒たちの気持ちを動かしたに違いありません。

私たちは，このような子どもの姿を求めて，５～９年に協同的創造学習の選択教科の授業を位置づけてきました。新たな文化創造とその発信に協力して取り組む子どもたちの姿の一端を紹介いたします。

＊＊＊＊＊＊＊＊＊＊＊＊＊＊＊＊

５・６年の選択図画工作科では，「買ってくれる人が笑顔になるようなだるまを作ってみたい」という思いでオリジナルだるまづくりに取り組みました。

５月。６年生の里沙も「自分の手でだるまを作ってみたい」という志をもって図工室にやってきました。

生まれて初めて挑戦するだるま作り。ラーメンカップなどを組み合わせた型作りから始めました。だるま作りはいつも６人１グループ。６つの机を向かい合わせると，友達の制作の様子が自

然と目に入ってきます。だるまの背中に切り込みを入れ，中の型を抜き出すことはとても一人ではできません。里沙たちはお互いに作業の手を止めて，手伝い合いました。「ねえ,出産するから手伝って。」「おっ。おめでとう。OK。」子どもたちは，この型抜き作業のことを「だるまの出産」といつしか呼ぶようになっていたのです。困難な時こそ，同じ道を協力し合いながら歩んで行く仲間の存在は心強いものです。『私にとってはじめてやっただるま作りは，わからないことが多く迷ったりもしました。そんな時，私を助けてくれたのは友達でした。一人で考えるよりも，二人で考えた方が心強かったし，今までよりもさらに仲よくなれました。私のだるま作りを支えてくれたのは，友達でした。』しんどいことを仲間と共にユーモアと笑いで乗り切る里沙は，だるまと共に自分自身を成長させていきました。

２月。三原の伝統的な祭り「三原神明市」にてだるまを販売。「自分のだるまはどんな人のところへいくのだろう。いや，本当にこのだるまを買ってくれる人がいるのだろうか？」と，期待と不安を抱いて店頭に立つ里沙。

「まあ，これ，あなたが作ったん。」

すぐに二人連れの女性が立ち止まり里沙に笑顔で声をかけたのです。

「きりっとした顔じゃねぇ。よう作っとる。これで来年は福がいっぱい来るじゃろう。これをもらおうや。」

とうとう自分の作っただるまが売れたのです。里沙がお客さんに包装しただるまを手渡しながら，「ありがとうございました。」と心の底から湧き出た笑顔でお礼を言う姿が印象的でした。10か月の集大成の瞬間。里沙は，見事に実現したのでした。だるまから里沙がもらったものは，「協力することの大切さ」と「買ってもらった喜び」だったのです。

＊＊＊＊＊＊＊＊＊＊＊＊＊＊＊＊

９年の選択社会科では，広島の裁判所に出かけることを手始めにして，裁判員制度の調べ学習を行い，その概要を理解した上で，制度の是非について検討していきました。

太郎は，８年時の職場体験学習「わくわくワーク三原」の時に，市内の法律事務所で活動しました。もともと法律に興味のあった彼にとって，地裁支部への訪問や弁護士業務を間近で体験することは，今まで以上に司法に強い興味・関心を抱く結果となりました。しかし，彼は，地道に資料を集め，そこに書かれていることをまとめたりすること，ましてや，他者に自分が学習をしたことを説明することなどはとても苦手でした。

裁判員制度の是非について，賛成派・反対派でディベートをした時のことです。太郎はもともと裁判員制度には否定的な意見を持っていました。しかし，「裁判は決して他人事ではなく，平和な社会を築くためにも，国民の生活感覚に基づいた善悪を判断する力を取り入れる裁判員制度は，今の日本に必要だと考えます。『それでもボクはやってない』という映画を見ましたか。専門家の裁判官でも事実を見抜けないことだって起こりえます。」という賛成派の意見に対して，「そうは言っても，手続きとか面倒だし，法律の専門家でもないのに…。」彼にはその次の言葉が出てきません。相手を納得させるための知識も説明の術も自分には足りなかったことに気づき，自分に腹立たしさを感じているようでした。そして，そのような時に決まって彼が見せる無口な状態がしばらくの間続きました。そこで，「時間をかけて納得したものにするのが選択社会科の目的なんだ。太郎くんの事実を見抜く力にはいつも感心しているよ。」とだけ彼に伝えました。

その後太郎は，裁判員制度に対して否定的な考えを裏付ける内容をインターネットや書物を通して熱心に調べていきました。「裁判員制度の技術的な問題と内容的な問題をまとめて考えられる資料が欲しい。」と，教師が読んでいた裁判員制度に関する本まで借りに来ました。いつの間にかこつこつと資料にあたり，自分で考えていく姿が頻繁に見られるようになっていたのです。

最後にまとめたレポートに，否定的な考えとして太郎が最も上位に位置づけた内容は，訴因変更が起こった場合の問題でした。『被告人が傷害罪で起訴され，裁判が進むうちに被告人の傷害が原因で死亡した場合に，被告人の罪名が傷害致死罪に変わります。そうなると裁判員を選出しなければならず，それまでの裁判の内容を理解することも含めて膨大な時間と費用が必要になります。』レポートの中には，彼が時間をかけて調べ，まとめた考えがしっかりと書き込まれていました。

また，選択教科学習発表会では，『裁判員制度について，最初はメリットがあるので賛成でした。しかし詳しく説明してもらうと最終的にはデメリットの方が多くなると思いました。今回の授業でとてもわかりやすく教えてくれたので良かったです。』という7年生からの授業後の感想を読んだ時の太郎のうれしそうな表情は，今でも忘れることができません。彼の振り返りには，『自分の考えを限られた時間の中で相手に伝えることは，本当に難しかったけれど，自分の1年間の学習成果を聞いてもらえた。自分の思いをわかってもらえた。』という喜びに満ちた思いが書かれていました。

＊＊＊＊＊＊＊＊＊＊＊＊＊＊＊＊

９年の選択音楽科のミュージカルづくりでの苦労は大変なものです。企画，計画，立案し，キャストやスタッフを決定し，上演に至るまでの道のりは一筋縄にはいきません。

夏子は，歌やダンスが好きで，主役を演じてみたいと切望していました。だから，脚本の読み合わせの時から意気込みが違います。感情移入をして台詞を読む姿に，他の生徒は驚いた様子でした。一方，秋子も負けてはいません。同じく役に心酔して台詞を読む姿は，その場の空気を緊張の糸でピンと張りつめさせました。緊張した二人のやりとりが進み，いよいよ主役選定の時がきました。その場にいる誰もが固唾を飲む中，手を挙げたのは秋子だけでした。夏子は，無表情で秋子を見つめていました。主役は秋子に決定したものの，夏子の気持ちを察すると，居ても立ってもいられない気持ちになったので，授業終了後，「主役をやりたいのに，なぜ立候補しなかったの？」と夏子に尋ねました。すると，「二人とも主役を譲らなかったら雰囲気が悪くなってしまうのはわかっていたから。」という答え。「それで後悔してないの？」という問いかけに「うーん，どうかなあ？」と夏子。そこで，教師の経験から「ステージにのる人だけにスポットが当たるのは確かだけれど，決してそれだけではミュージカルの上演はできないよね。主役の脇を固める人，ダンスを踊る人，また，照明や音楽を担当するスタッフの人なども重要な役の一つだよ。多くの人が自分のことをしっかりやってこそ，ミュージカルが成功するんじゃないかなあ？」と話すと，「そうかもね。でも実際やってみないことにはわからないな。」とまだ納得できない様子。おそらく頭の中ではわかっていても，心の整理がつかないのだと感じました。夏子と話し合ったあとには，何人かの生徒が彼女に寄り添い話をしている姿を見かけました。夏子は泣いていましたが，生徒たちの「主役，やりたかったんじゃろう？それでいいん？」

「何ええ子ぶっとるん。まあ，いざというときには私らがついとるけん。」そんなやりとりを聞きながら，その場をそっと後にしました。

結局夏子は，演出係として全体をとりしきる大事な役割を担い，ミュージカルを陰から支えていきました。彼女が最後に書いた振り返りには，『秋子をはじめみんなが協力してくれたおかげですてきなミュージカルになりました。中学校生活の中でも最高の思い出となりました。』とありました。

どちらかと言えば，自分のことを優先して考える傾向にありがちな子どもが多い中，ミュージカル上演を経験した子どもたちは確実に変化し，満足感を得たのだと思われます。

＊＊＊＊＊＊＊＊＊＊＊＊＊＊＊

このような選択教科の学習を，子どもたちは毎年大変楽しみにしています。それぞれ自分の興味･関心のある教科を選択して始めた学習ではありますが，自分たちの学びを楽しむだけでなく，「だれかのために」「みんなが喜んでくれるように」と，「夢を笑顔に」という協同的創造学習のテーマを意識しながら学習を進めてくれていることは，大変うれしいことです。年度末の振り返りには，選択教科の学習を通して心に残ったことや子どもたち自身が感じた自分自身の成長がたくさん記されています。この３年間の積み重ねの中で，子どもたちが着実な歩みを進めていってくれたことが大きな成果と言えるでしょう。

では，次節から，協同的創造学習を支える理論やこれまでの取り組みについて述べていきます。

（桑田　一也，岡　芳香，柳生　大輔，杉川　千草）

Ⅱ．自分たちで新たな文化を創造する子どもを育てる

1．「協同的創造力」を育む「協同的創造学習」

本学園では，「21 世紀型の教科学力」を「21 世紀初頭の社会の変化に対応することができる確かな教科学力」ととらえ，新たな観点として「協同的創造力」の育成をめざしている。これは，「単に知識や技能を覚えるのではなく，共通の目的に向かって他者とかかわりながら，習得した知識や技能を生かし，新たなものを創り出していく力」である。そこで，教科学習を「協同的創造学習」としてとらえ直し，必修教科においては，「協同的創造力」の育成を含め，協同的な学びの過程をより多く取り入れることによって，各教科の基礎的・基本的な内容を定着させるようにした。とりわけ，選択教科の学習においては，必修教科の発展的な内容を学習することを通して，「人のためにつくして感謝しよう」という本学園の自伸会の信条につながるような新たな文化を子どもたちが協同で創造していくことをめざすことにした。さらに，中学校における従来の選択教科の時間に加えて，小学校第５・６学年合同の選択教科の時間を新設し，「協同的創造力」を特化して育むことにした。

2．めざす子ども像とつけたい力

私たちは，「協同的創造学習」の中で「学んだことを生かし→集団で学び合いながら→自分たちで文化を創り出す」という過程を子どもたちに歩ませることによって，協同的創造力を身につけた子ども，すなわち「自分たちで新たな文化を創造する子ども」を育てようとしている。協同的創造学習のそれぞれの学習過程においてつけたい力は，表－１のとおりである。

表－１　協同的創造学習の学習過程におけるつけたい力

＜目標＞

共通の目標に向かって他者とかかわりながら，習得した知識や技能を生かし，新たな文化を創り出していくことのできる力を育てるとともに，他者とのかかわりの中で，自分の個性をよりよく発揮しようとする意欲を育む。

協同的創造学習の過程	必修教科 → 選択教科 →			
	第１～４学年	第５・６学年	第７学年	第８・９学年
学んだことを生かし	課題を解決していくために，習得した知識や技能を使い，	課題を解決していくために，必修教科で習得した知識や技能を使い，	課題を解決していくために，必修教科で習得したり，生活の中で培ったりした知識や技能を使い，	課題を解決していくために，必修教科で習得したり，生活の中で培ったりした知識や技能を発展させることで，
集団で学び合いながら	学級集団の中で意見を出し合い，	５・６年の異学年集団の中で自分の意見を出し合い，	学年集団の中で自分の意見を出し，様々な価値観から学び合うことで，更に新しい価値観を見つけ出しながら，	個々が積極的に課題解決意識を持ち，学年集団の中で意見を出し合うことで様々な葛藤から自分たちで納得する価値観を創造し，
自分たちで文化を創り出すことができる	新しい知識や技能を身に付けることができる。	よりよい学校生活や文化を自分たちで創り出そうとすることができる。	よりよい学校・社会・家庭生活や文化を自分たちで創り出すことができる。	自己実現のために，学校・社会・世界に向けて創造した文化を発信することができる。

3．単元モデルの開発

選択教科における協同的創造学習の特徴にそって学習指導方法の研究を行い，単元モデルを開発する。

（1）必修教科の発展型

選択教科では，子どもたちが必修教科の発展的な内容に興味・関心を持ち，自分で教科を選択し決定していく。自分の得意なことを生かし，子どもたち一人ひとりの個性を発揮しより深化・発展させる授業が展開できるような単元や題材開発を行う。

（2）プロジェクト型の学習

新たな文化を創造するためには，目的に向かって「課題意識を持つ」→「創造的に学ぶ」→「学習を振り返る」→「発信する」というプロジェクト型の学習過程を取り入れ，他者とのコミュニケーションを大事にした協同的な学びのあり方について研究を進める。

（3）集団による協同的な学びの構築

小学校第５・６学年は，異学年・異年齢の合同で，中学校第７・８・９学年は，同学年・同年齢の集団で学習を進める。自分とは異なる考えに触れ，新たな知識や技能，高い価値を獲得して，一人ひとりの思考や表現を深めることができるような学習形態を工夫する。

（4）文化創造の学習

子どもたち自身が新たな価値を見出し，自分にとっても他者にとっても社会にとっても意味あるものを「文化」と考え，創造的な学びのあり方について研究していく。

4．単元配列表

平成 20 年度の選択教科単元配列表は，表－２のとおりである。

表－２　平成 20 年度　選択教科単元配列表

<table>
<tr><th colspan="2">学年(時数)</th><th>教科</th><th>5月</th><th>6月</th><th>7月</th><th>8月</th><th>9月</th><th>10月</th><th>11月</th><th>12月</th><th>1月</th><th>2月</th><th>3月</th></tr>
<tr><td colspan="2" rowspan="8">5・6 (15)</td><td>国語</td><td colspan="10">わたしの夢をあなたの笑顔に</td><td rowspan="8"></td></tr>
<tr><td>社会</td><td colspan="10">エコ＆クリーンプロジェクト　神明市2008</td></tr>
<tr><td>算数</td><td colspan="10">おもしろ算数伝道師になろう</td></tr>
<tr><td>理科</td><td colspan="10">『人に尽くして感謝しよう』プロジェクト Part３</td></tr>
<tr><td>音楽</td><td colspan="10">みんなが笑顔になる学園の歌を作ろう！</td></tr>
<tr><td>図画工作</td><td colspan="10">学校を飛び出せ！　オリジナル附小っ子だるま in 三原神明市</td></tr>
<tr><td>家庭</td><td colspan="10">絵本絵をつなげよう　～エンブライダリーキルトの世界～</td></tr>
<tr><td>体育</td><td colspan="10">やってみよう！夢の体操～できる，なれる，かなう　みんなで笑顔になろう～</td></tr>
<tr><td rowspan="3">7</td><td rowspan="3">A
(20)</td><td>音楽</td><td colspan="6">ミュージカルを知ろう！</td><td colspan="5" rowspan="3"></td></tr>
<tr><td>保健体育</td><td colspan="6">新しいバドミントンをつくろう！</td></tr>
<tr><td>技術</td><td colspan="6">金属でものをつくろう</td></tr>
<tr><td rowspan="5">8</td><td rowspan="5">B
(50)</td><td>国語</td><td colspan="11">紙芝居を創ろう</td></tr>
<tr><td>社会</td><td colspan="3">地理作品をつくってみよう</td><td colspan="5">文献読解からみる社会</td><td colspan="3">現代社会にもの申す</td></tr>
<tr><td>数学</td><td colspan="11">身近な生活を数学的視点で考えよう</td></tr>
<tr><td>理科</td><td colspan="11">天気の変化</td></tr>
<tr><td>英語</td><td colspan="5">英語で絵本をつくろう！</td><td colspan="6">考えを英語でまとめよう！</td></tr>
<tr><td rowspan="8">9</td><td rowspan="5">C
(50)</td><td>国語</td><td colspan="10">小説を書こう！</td><td rowspan="5"></td></tr>
<tr><td>社会</td><td colspan="6">裁判員制度を知ろう！</td><td colspan="4">オリジナルマップをつくろう！</td></tr>
<tr><td>数学</td><td colspan="5">身近な資料に関心を持とう！</td><td colspan="3">共通の課題解決学習</td><td colspan="2">卒業研究</td></tr>
<tr><td>理科</td><td colspan="10">自然現象に興味を持とう！</td></tr>
<tr><td>英語</td><td colspan="4">読み聞かせに挑戦しよう！</td><td colspan="6">スピーチを実践しよう！</td></tr>
<tr><td rowspan="3">D
(70)</td><td>音楽</td><td colspan="10">オリジナルミュージカルに挑戦しよう！</td><td rowspan="3"></td></tr>
<tr><td>美術</td><td colspan="4">静物画を描こう</td><td colspan="4">クレイアニメーションに挑戦！</td><td colspan="2">あかりの造形</td></tr>
<tr><td>保健体育</td><td colspan="6">市内駅伝ロードレース大会に参加しよう！</td><td colspan="4">トレーニングメニューを作成し，
体力を向上させよう！</td></tr>
</table>

5．成果と課題

○　選択教科において，これまでに開発した単元モデルをより充実させたり，新たな単元モデルを開発したりすることができた。

○　教科学習を協同的創造学習としてとらえ直すことによって，必修教科においても協同的創造力の育成を意識して，協同的な学びの過程をより多く取り入れることができた。

○　協同的創造力の要素を分析した評価規準をもとに評価方法を確立し，協同的創造力育成の手だてを整理していく。

（協同的創造学習開発部会）

Ⅲ．協同的創造学習の授業実践例

協同的創造学習

わたしの夢をあなたの笑顔に
～「幸せの使い」の劇をつくろう！～

実践事例①「選択国語科」　　（5・6年）

こうして育てる！
協同的創造力

① 身の回りの言葉に興味や関心を持ち，友達の思いを大切に受け止めながら，みんなで協力して，自分たちの思いを進んで表現しようとすることができるようにする。

② 脚本作りや劇づくりの活動を通して，自分たちの思いを伝えるために言葉を吟味し，みんなが楽しんでくれるような表現をつくりあげることができるようにする。

■ この単元はこうして進めた！

学んだことを生かし

集団で学び合いながら

新たな文化を創造する

第1次　ガイダンス

1時間

「ことば☆パフォーマンスに挑戦！」
・スタートは「ことば」
・自分の夢をみんなの笑顔に変えよう！

第2次　1年間の学習計画を立てよう

1時間

○1年間の学習内容とめあてを決める。
「15人で分担して脚本を作って劇をして，見ている人みんなを笑顔にする」
・一人ひとりがしっかり考えて，みんなで協力して新しいものをつくり出そう。
・自分の思いを相手に伝えて，みんなを楽しませよう。

第3次　ストーリーを決定しよう

2時間

○夢を笑顔にする劇のコンセプトを話し合う。
「自分（登場人物）が夢に向かって努力する途中，苦労したりありえないことに出あったりしても，それを乗りこえてハッピーエンドになる（成長する）。劇を見ている人が感動して笑顔になる。」
○各自の創作したストーリーを持ち寄り，劇のストーリーを決定する。

第4次　脚本を作ろう

3時間

○グループで分担して脚本を作る。
・みんなが同じくらいの出番になるように
・登場人物の人物像が表れるように
・前後のつながりを考えて

第5次　劇の練習と準備をしよう

7時間

○係が中心になって，劇の練習と準備を行う。
・5･6年生合同の監督係，脚本係，衣装係，道具係，音響･照明係に分かれる。

第6次　発表会をしよう

1時間

○1年間の学習の成果を発表する。
・自分の夢をみんなの笑顔に変えよう！

第7次　振り返りをしよう

1時間

○1年間の学習を振り返り，自分の成長を確かめる。

「実践の効果」をあげるための二つのポイント

POINT① 一人ひとりの夢をかなえる学習内容

■ 子どもたち自身がやりたいことを学習内容とすれば，意欲を持って学習に取り組める。

「ことば☆パフォーマンスに挑戦！」というガイダンスを受けて，集まった15名の5・6年生。まず，この1年間，選択国語科でどんな力をつけていきたいかを考えさせ，「一人ひとりがしっかり考えて，みんなで協力して新しいものをつくり出そう。」「自分の思いを相手に伝えて，みんなを楽しませよう。」という二つのめあてを設定した。次に，選択国語科でやってみたいことを挙げさせ，15名全員で1年間かけて取り組めるものをじっくり話し合わせた。その結果，「15人で分担して脚本を作って劇をして，見ている人みんなを笑顔にする。」ということになった。単元の初めに一人ひとりの思いをしっかり出し合い，お互いが納得するまで話し合わせることは，子どもたちの学習意欲を引き出し，協同的創造力を生み出す原動力となる。

POINT② 異学年合同のグループ構成

■ 異学年でのかかわりの中で，一人ひとりの持ち味が発揮され，協調性やリーダー性が育まれる。

場面ごとの大まかなあらすじに合わせて，異学年合同の3人組を5グループ作り，場面ごとの脚本作りをさせた。その後，「みんなが同じくらいの出番になるように」「登場人物の人物像が表れるように（せりふ・ト書きの工夫）」「前後のつながりを考えて」ということに留意して，各グループで6年生がリーダーシップをとりながら，脚本作りを進めていった。できあがった脚本をもとに，それぞれの人物像に合わせて配役を決めるとともに，監督係，脚本係，衣装係，道具係，音響・照明係を６年生・５年生合同のグループで担当するようにした。

この実践における「教育的効果」を考察する！

劇は，言語だけにとどまらない総合的な表現活動である。ストーリーや脚本をゼロから創作するだけでなく，それを見る人に伝わるように言葉や動きで表現することは，子どもたちにとって大変なことだったにちがいない。子どもたちは，「見ている人みんなを笑顔にする」という自分たちが決めた目標を目指して，ストーリーを考え，みんなで分担して脚本を作り，一生懸命演じた。幸せを探す７人の少年少女が，天使たちとの絆をもとに本当の幸せに気づくという「幸せの使い」のストーリーは，劇を見てくれた子どもたちに感動を与えることができたようだ。発表会を終えた子どもたちの「これまで１年間がんばってやってきたことを，今やりとげられたと思ったらすごくうれしい。」「みんなに楽しんでもらえてよかった。」という感想から，満足感や達成感が伺える。脚本作りや係を異学年合同のグループ構成にしたことは，協調性を育むだけでなく，６年生はリーダー性を発揮し，５年生は６年生からたくさんのことを学ぶことにつながった。昨年度５年生として国語科を選択していた子どもが，本年度６年生として再び選択国語科の学習に取り組み，昨年度の経験をふまえて学習をリードしてくれている。異学年がともに学習することによって，協同的創造学習のバトンは確実に受け継がれている。

（加藤　秀雄，杉川　千草）

協同的創造学習

みんなが笑顔になる新バレーボール
～ミラクル計画協同体　ぼくたちのゲームを創ろう！～

実践事例②「選択体育科」　（5・6年）

こうして育てる！
協同的創造力

① お互いの思いや考えを交流し，新しいゲームを創ることを通して，かかわり合い，認め合いながら協同的に活動することができるようにする。

② バレーボールの特性を生かし，場やルールを工夫するとともに，お互いの考えを大切にしながら新しいゲームを創ることを通して，お互いの力を合わせて新しいものを創ろうとする態度を育てる。

■　この単元はこうして進めた！

学んだことを生かし

集団で学び合いながら

新たな文化を創造する

第１次　ガイダンス

1時間

1：選択体育で学習することを知る。

バレーボールを使ったゲームを自分たちで創っていこう。

第２次　バレーボールをしよう

3時間

1：公式球を使ってゲームをする。

使い慣れたソフトバレーボールとの違いを学習意欲につなげる。

2：どんなゲームをつくるかについて話し合う。

「みんなが参加できる」

「ルールが分かりやすい」

「上手になる」 がゲーム作りのキーワード

第３次　ゲームを創ろう

9時間

1：3つのグループに分かれて創る。

少人数グループで意見交流をする。

2：中間発表をして，グループどうしでアドバイスし合う。

3：ゲームを再構成する。

各グループで創ったゲームを評価し合い，改善・工夫を重ね，新しいゲームを創り上げていく。

第４次　発表会をしよう

3時間

1：発表会の準備をする。

2：発表会をする。

3：振り返りをする。

「実践の効果」をあげるための二つのポイント

POINT① 意欲を引き出す

■ 使い慣れたソフトバレーボールではなく，使用経験のない公式球を使うことで，興味・関心，課題意識をもって，学習を進めることができる。

通常の体育の学習ではソフトバレーボールを使っている。今回はあえて経験の少ない公式球を使うことで，これまでの学習で身につけた技能を生かしつつも，難しさを体験することができた。

実際に子どもたちは「ボールが小さいのでコントロールするのが難しい。」「アンダーハンドパスでは手がいたい。」「ソフトバレーボールと違ってボールがあがりにくい。」と感じていた。そこでそれらを克服し，「みんなが参加できる」「ルールが分かりやすい」「上手になる」をゲーム作りのキーワードとして新しいゲームを考え出すことにした。「パスの力がつくようなゲームはないかなあ。」「ダイレクトで受けると痛いからワンバウンドしてもよいとルールをつくってみては。」「ボールがあがりにくくてネットが越せないなら，ネットを低くしてみよう。」など公式球でもバレーボールができるために新しいゲームをいろいろと考える姿が見られた。

POINT② 多様な考え方に気づかせる

■ 5・6年生が協同的に学習を進めていくことで，多様な考え方に気づき，高め合うことができる。

協同的創造学習のよさの一つは５・６年生が一緒に学習を進めるということである。異学年による考えの違いをどのように乗り越えていくかやどのようにかかわっていくかが大切になってくる。そこを子どもたちにも気づかせるため，どのようにグループを作るか子どもたちと考えていった。

子どもたちは最初，同学年だけのグループや男女別のグループを作っていた。しかし，「５・６年で考えを出し合うといいものがつくれるかもしれない。」「運動が好きな人だけだと，苦手な人の気持ちが分からないかもしれない。」ということに気づき，いろいろな意見をあわせることを大切にしようとするグループ作りができた。

この実践における「教育的効果」を考察する！

1．バレーボールの特性を生かしつつ，「パスが上手になる」ために，バスケットボールのようにパスをつなぐゲームを創ったり，ネットの高さを工夫し，みんなが参加できるゲームを創ったりすることができた。また，休み時間にはバレーボール教室を開き，新しいゲームを全校に発信することができた。みんなに喜んでもらうことを通して，自分たちで力を合わせ，新しいものを創っていく喜びを感じることができていた。

2．協同的な学習を進めるため，どのようなグループ作りをするか考え５・６年生合同のグループを作った。子どもたちの振り返りには，「いろいろな人でやっていくと適した案をつくることができると思った。」「友達の意見を聞いて，新たな考えをもつことができた。」といった内容が多くみられた。お互いの考えを大切にしながら試行錯誤を繰り返すことでよりよいものを創ることができると体感できたと考える。

（小早川　善伸）

協同的創造学習

ようこそ「カフェ・オーシャン」へ

実践事例③「選択家庭科」　（７年）

こうして育てる！
協同的創造力

① お客様を招き，ティータイムを演出するにあたっての必要な知識・技術を学ぶことができるようにする。その学びの過程ではそれを「他者のために」どのように生かすかという視点を常に持ち，仲間と共に協同的に実践することを通じて，人とかかわり合う力を高めていくことができるようにする。

② 個の考えをグループで出し合いながら，学びの内容について課題意識を持ち，本番の会を想定し「試しづくり」をくり返し行う。そして，試行錯誤し改善した成果を「お客様を招く会（カフェ・オーシャン）」で発信できるようにする。

■ この題材は こうして進めた！

学んだことを生かし

集団で学び合いながら

新たな文化を創造する

第１次　お客様を招く会（カフェ）のイメージ化　2時間

どんなカフェにする？

- どんな話をする？
- カフェの名前は？どんな店にする？
- 何を作ってどんなテーブルの演出をする？
- 案内状は？

個のイメージを出し合って，お互いのイメージに学び合いながら，試行に向けてどんなカフェにしたいか全体で話し合う。

第２次　イメージしたことを具体化し試行・改善　12時間

調理実習計画立案 → 実行試食 → 振り返りと改善

試しづくり（５回）よりよいものに改善

ランチョンマットのデザイン立案 → グループで製作 → ランチョンマットの完成

試しづくりをして改善したことをもとに,各グループそして全体で協同的に「カフェ・オーシャン」の企画立案をする。

第３次　ようこそ「カフェ・オーシャン」への事前準備　3時間

カフェを開くにあたっての準備をする。
・各グループのメニュー　・会場つくり　・各テーブルのセッティング
・カフェの店長の動き　・案内状　・当日の流れ　・BGM　・ポスター貼りなど

第４次　「カフェ・オーシャン」のオープン（本番）　2時間

第５次　振り返りとまとめ　お客様へのお礼　1時間

※「カフェ・オーシャン」（café ocean）『大海oceanに,小さな河川から水が流れて一つになるように，一人ひとりの力を集め一つにして,このカフェを大成功させたい。』という気持ちをこめて生徒たちが考えたもの

「実践の効果」をあげるための三つのポイント

POINT① 地域の方や留学生の方をお客様として招く

■　お客様を招くことで，相手の方が喜ばれるおもてなしとはどのようなものかという「他者」とのかかわりを意識した取り組みができる。

必修の家庭科でも，グループで協力して調理実習を行うが，それは自分たちで試食するので相手をもてなすという視点は持てない。しかし，この選択家庭科では，お客様を招き，「他者」とかかわりながらテーブルを囲むようになる。

このことは，「他者」とかかわる力を育むものとなる。例えば，「自己紹介をどのようにしようか」「何を話題としようか」というコミュニケーション力を高めることにもつながる。また，お茶やお菓子をどのようにセッティングして，どのようにすすめたらいいかという「おもてなし」についても「相手」の立場に立って考えることができる。

そして，このたびはお客様として地域の方や広島大学の留学生の方をお招きした。これは地域とのつながりも大切にしながら，家庭科で育みたい力「国際化社会に対応する」力をさらに育むものとなる。

POINT② 小グループ編成

■　グループに，一人のお客様を招く設定なので，テーブルの演出，どんなお菓子を手作りするかなど４～５人でアイディアを出し合える。

グループを編成し，次の表－１のようにグループ名をつけた。名前は，お客様の事を考えた上での目標をもとにして考えた。また人数は，個のアイディアを出しやすく調理実習などの作業も進めやすい４～５人編成にすることにより，グループの活動をより楽しく協同的に行うことができた。

このように準備の過程が充実していた分，本番で楽しく笑顔でお客様を迎えることができた。

表－１　生徒が考えたグループ名

グループ名	グループ名に込められた理由	人数
まねきねこ	お客様がたくさん来られるように	4
HAPPY DEREAMS	夢がふくらむ活動にしたいから	4
HAPPY GIRLS	笑顔いっぱいで何事も協力していきたいから	4
Dream	夢を持って頑張りたい！！	5
愛のクッキングパワーズ	愛を持って料理したいから	4
Smile カヒサオス	全員が笑顔で迎えられるように	5

POINT③　「試しづくり」で実践し改善

■　実際にイメージした事を実践し，「お客様」の立場になって，より喜ばれるおもてなしはどうあるべきかを試行錯誤する。

取り組みのはじめは，自分のランチョンマットを製作することに精一杯だった。また，お菓子が出来た時も，盛り付け方など気にせず早く食べたいという様子が見られた。しかし，他のグループの工夫している点を見て，もっとよくしたいという声が出始めた。また，味・量・好み・栄養価・見た目など様々な視点から，「相手」の立場に立って改善を重ねていくことができた。

どんなカフェにするかイメージしたことも，実際に「試しづくり」することで，かなり改善されそれが自分たちの本番に向けての自信となった。

この実践における「教育的効果」を考察する！

1．自己評価より

本番直前に，それまでの取り組みを振り返っての自己評価を実施した。対象は，７年選択家庭科履修生徒26名である。

図－１・２から，ランチョンマットの製作は，工夫を取り入れ楽しくできたという生徒がほとんどだった。理由として「自分だけじゃなく，友達と話し合いながら作れた。」「模様を友達と見合ったりするのが楽しかった。」というように仲間とかかわったことを主な理由としてあげている。ただ，否定的にとらえている生徒も２人いた。理由は，「ミシンを使う事が得意ではない。」「難しかった」という技術面のことを述べていた。この気持ちについては，グループの中でもっと助け合う活動を入れることで，解決するものと思われる。

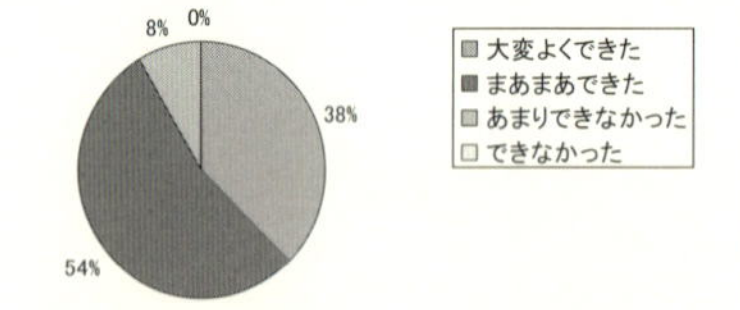

図−1　オリジナルランチョンマットに自分なりの工夫を取り入れることができたか

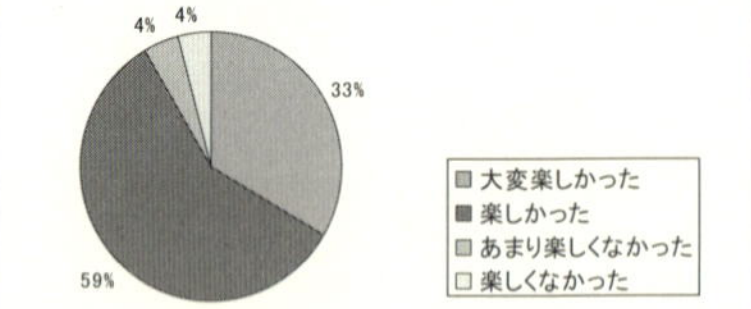

図−2　ランチョンマットつくりは楽しかったか

図－３・４からは，個人では意欲的に取り組めなかったという否定的な答えが全体の17％と多かったが，グループでは96％の生徒が協力出来たと肯定的であった。このことから，協同的にかかわることによって，一人だけではできないこともカバーすることができていたといえる。感想にも，「みんなで考えたからおいしく

食べることができた。」「自分だけでは思いつかないことを思いついたり，一人でやるよりずっと早く完成させたりすることができた。」「分担できたから素早くおいしくできた。」という感想などからもそのことがうかがえる。

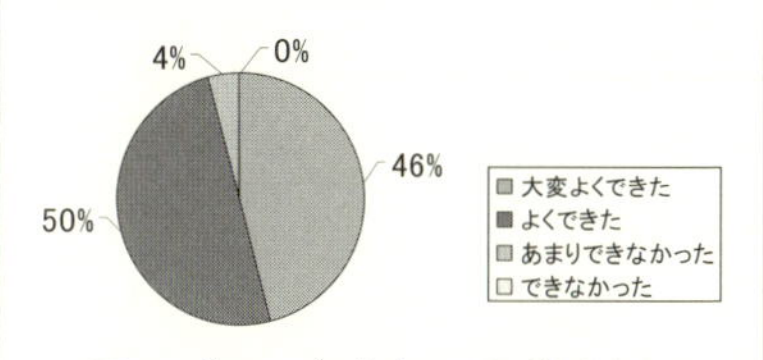

図-3 グループで協力して取り組めたか

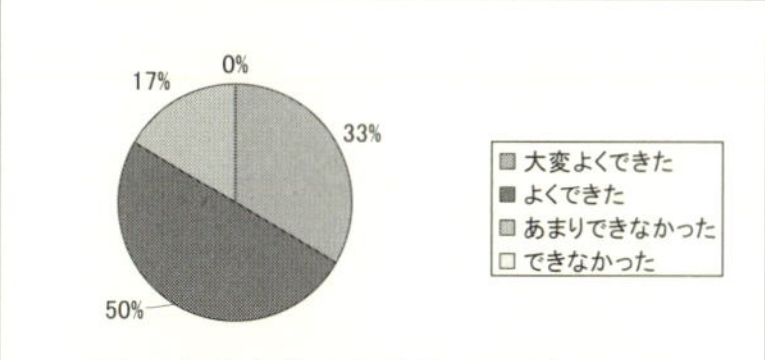

図-4 自分自身は意欲的に取り組めたか

図－５は，お客様をお招きする会「カフェ・オーシャン」についての意識である。多くの生徒が楽しみにしている理由は「こういう経験がはじめてなので，どんな感じになるか楽しみだ。」「お客様と話をするのがとても楽しみ。」「自分たちが作ったお菓子などの感想を聞きたいと思う。」という内容が多かった。しかし，楽しみではないという生徒も３人いた。理由は「失敗したらいやだから。」「人と接するのが自分は苦手だから。」という不安からくるものであった。この生徒たちには，アドバイスをするなどの支援をした上で本番にのぞんだ。

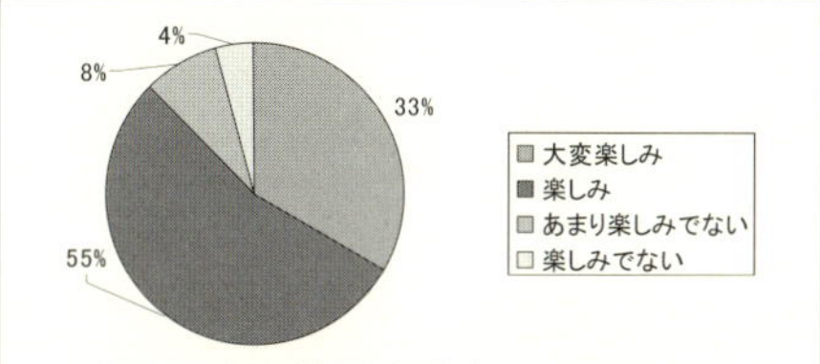

図-5　お客様をお招きするのは楽しみか

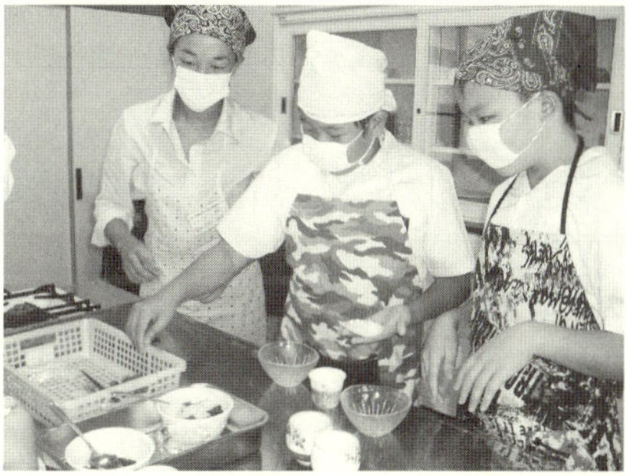

お客様をお招きする会を開くにあたって大切なことは何かとの問いには「みんなが一つになって活動すること。」「自分から積極的に話しかけたい。」「失礼のないようにしたい。」「お客様の気持ちになって行動したい。」「礼儀に気を

つける。」「笑顔で接する。」「言葉遣いをていねいに。」「ちゃんと会話をつなぐ。」「お客様がいいなと思われることを，気がついたときにさっとできるようにしたい。」「衛生的においしく作る。」などがあげられていた。

このように，はじめは自分たちが楽しくおいしく食べることに一生懸命で，他者を意識した活動にならなかったところからスタートし，本番直前には，このようにしたら相手が喜んでくださるのではという意識に変わってきた。

2．生徒の感想やお客様のお礼のメールより

生徒の感想より

○　お客様は自分の国のことや国の言葉などを話して下さいました。相手の事を考えながら，お菓子を作ったりお茶を入れたりという，普通とは違う授業で楽しかった。またこんなことをやっていけたらいいと思った。

○　最初は前を向いて話すことができなかったけど，趣味を聞かれたりして話すときはとても楽しかった。工夫したりしたのは話し方で，話す時お客様の顔を見て質問したり答えたりしたことです。どう接していいのかを考えて，色々工夫したら，お客様に気持ちが伝わり喜んでもらえて，嬉しかった。

○　最初カフェと聞きお菓子を作って食べるのがメインだと思っていたけど，だんだん相手のためという気持ちが強くなった。この学習をやってよかった。

お客様（留学生の方）からのメールより

○　カフェの招待状をありがとうございました。絵が上手で，グループの名前も素敵で，見ているだけでも楽しそうです。一緒に行く仲間とも，「楽しみですね。」と言っています。最近，いじめ問題など悲しい話もたくさんありますが，みなさんとお茶を飲みながら，そんなこともディスカッションできたらいいなと思っております。自分の中学校生活はもうすでに遠い昔の話になりますが，ぜひ「人生の先輩」（笑）として話すことができる

と嬉しいと思います。もちろん，これ以外にも，中国のお茶･お菓子事情，生活なども取り入れながら楽しく話したいと思います。それでは，よろしくお願いいたします。

○　昨日，カフェにお招きいただき，誠にありがとうございました。少し短かったですが，みなさんが作ってくれた美味しいお菓子とお茶を食べながら，いろいろなお話ができて本当嬉しく思いました。本当にありがとうございました。みなさんが一生懸命自分たちの仲間をフォローしている姿を見ると，なんというやさしさだろうなあと，心から感動しました。今度いつになるか分かりませんが，また是非グループのみなさんやクラスのみなさんたちといろいろお話をしたいと思います。昨日は本当にありがとうございました。またの機会によろしくお願いいたします。

本番で生徒たちは，緊張の中にも自分たちでここまで準備してきたという自信と，相手が喜んでくださると自分も嬉しいという気持ちが，笑顔になってあらわれていた。うまくいかない場面もあったが，失敗もカバーしあっていた。

以上のことからも，一人ひとりの個性を生かしながら，グループの中でかかわり「カフェ・オーシャン」を成功させることができた。一つのものを仲間と共に協同的に創造した結果が，子どもたちの心には「相手の喜び」が「自分たちの喜び」となるという形で残ったと感じている。

（藤井　志保）

協同的創造学習

バイオエタノールとその利用を考えよう

実践事例④「選択理科」　（９年）

こうして育てる！
協同的創造力

① 集団の中で積極的にコミュニケーションをとらせるとともに，共通の目標を達成するための自分の役割を理解・実行できるようにする。
② これからの生活を高めてゆくための価値観を観察・実験の過程や結果から見出したり創造したりするとともに，それらを様々な方法で発信できるようにする。
③ 身の回りの自然や科学技術に興味･関心を持たせるとともに，観察･実験を繰り返しながら必修教科で身につけた力をより高めることができるようにする。

■ この単元は こうして進めた！

学んだことを生かし

集団で学び合いながら

新たな文化を創造する

第1次「バイオエタノールを作ろう」

10時間

○バイオマスって何?

○利用するバイオマスを育てよう　POINT①

○デンプンを探求しよう

○バイオエタノールを作ろう

第2次「バイオエタノールを理解しよう」

22時間

○バイオエタノールの利点と問題点

・新聞や報道から考えよう

・自分の意見をまとめよう

○テーマを決めてグループで研究しよう

・バイオエタノール生産の効率　POINT②

・廃棄物や余剰作物からの生産など

第3次「バイオエタノールについて考えよう」

8時間

○研究結果をまとめよう

○研究結果を発表しよう　POINT③

「実践の効果」をあげるための三つのポイント

POINT① 実験材料は自分たちで栽培する

■ 実験のための材料を自分たちで栽培する体験。これが単元への興味・関心を高め，バイオエタノールの利用を自分のこととして考える原点となる。

バイオエタノールはバイオマス利用の中で最も注目されているものである。地球上の有機物は植物の光合成によって生産されたもので，これらのうち植物の１年間の働きで再生産されるものを石油に代わるエネルギーとして利用すれば，排出される二酸化炭素量と吸収される二酸化炭素量の収支が釣り合うことになる。この考えは中学生にでも理解できる。そこで生徒たちが栽培した作物を利用してバイオエタノールを作れば，この単元の学習が実感を伴ったものになると考えた。今回の実践ではバイオエタノール作成などの知識や技能の習得の期間を考えて，栽培期間が４～５ヶ月のサツマイモを選択した。サツマイモは土作りをしっかり行っていればほとんど放置の状態でも多くの収量が見込める作物である。また，サツマイモをエネルギーとして利用するか食べ物として利用するかを焼きイモや蒸かしイモを前に考えれば，実感を伴ってくる。それは自分たちで作った作物だからこその実感だ。各学校の実態に合わせて栽培期間を調整し，その中で栽培しやすい作物を利用すればいいだろう。

POINT② 課題研究における実験はとにかく測定と記録を怠らない

■ 定量実験の徹底。そのデータがバイオエタノールの利用について一人ひとりが考えるための材料となる。

課題研究を指導するにあたってぜひ行って欲しいことは量を測定し記録しておくということだ。バイオエタノールができたという定性的な結果よりも，利用を考えるなら効率などの量的なデータが当然必要になる。このように考えると定量しておくのは当たり前なのだが，中学生は往々によく忘れてしまう。それは教科書の実験に定量するものが少ないことに原因があるのかもしれない。質量や体積などの量を測定しておくことは研究で行った実験に再現性を持たせると同時に自分たちの考えを説得的に述べる際の論拠となる。

さて，実践事例を二つ紹介する。一つ目は，「バイオエタノールがどれだけの効率で作られるのか」そんな疑問から行ったのが「バイオエタノール生産コンテスト」である。自分たちが栽培した貴重なサツマイモから一体どれだけのバイオエタノールを作り出すことができるのか。その効率を調べることで，主要穀物をエネルギーとして利用するのか食べ物として利用するのかという論争に対して子どもたちなりの価値判断ができると考えた。指導者である私もどんな結果が出るかわくわくしたし，得られたバイオエタノールのあまりの少なさにがっかりもした。取り組んだ子どもたちも結果がわからないことを追求するという科学のおもしろさも味わってくれたようだった。

また，二つ目の課題研究も結果が楽しみで私自身が興味を持った。食料との競合を避けるために廃棄物からバイオエタノールが作られればよいことに気づいた生徒が集まって，その課題を解決しようと「芋づるからバイオエタノールづくり」に取り組んだ。光合成によってできたデンプンを酵素で糖化すると糖度が５％くらいまでになるという発見ができた。しかし，殺菌が不十分で発酵液が腐敗しエタノール発酵には至らず，生徒も私もがっかりしてしまった。

以上のように，実験に関する量を測定しておくこと，そして生徒たちと一緒になって研究を楽しむことで，興味・関心を持続させ，科学研究の方法を習得させつつ，さらに課題解決のための材料を準備させることができる。ぜひ，本実践を行う際には測れる量はすべて測定しておくことを勧める。

POINT③　研究結果を発表する場を設定する

■　研究発表の形態はポスターセッションがお勧め。意見交流が活発になるので協同的創造力の育成にピッタリである。

課題研究を行った後は研究成果を発表する場を設定したい。今回の実践では研究成果の発表形式としてポスターセッションを選び，実践した。ポスターセッションは本単元の学習中に２回行った。１回目は９年生の理科の授業中に単元「自然と人間」の中の微生物のはたらきと関連させて，選択理科の履修者が履修していない生徒に対して 20 分間行った。２回目は選択教科発表会のときに中学校７年生 14 名に対して 30 分間行った。

ポスターセッションの様子（左，右ともに７年対象）

ポスターセッションの準備と発表を通して，次の二つの点がこの発表形式の優れた点であることがわかった。一つ目は，ポスター作りを協同で進めることで子どもたちの中に自分たちの学びを物語として再構築できるという点である。ポスター作りは，問題の所在から予想，実験方法，結果，考察という一般的な形式に則って指導した。この形式が課題研究における学びの流れになっていた。この形式で文章を書いていくことで，自分たちがどんな課題を追求し，どんな結論に達したかを明らかにできた。二つ目は発表者と聞く者との距離が近く，意見交流が活発に行われる点である。発表者には立つ位置や発表方法，マナーなどを指導した。形式的な発表のような大勢に一度に説明するのと違って，ポスターの前にいる人の表情や質問に応じて説明を変えなくてはならない。そうするとより会話に近い口調での発表となるので，かなり打ちとけた雰囲気ができる。また，聞く人も興味があるポスターの前に移動して自由に質問できるので，活発な意見交流が行われる。

以上のような二つ点の他にも実践的なコミュニケーション能力の育成にもつながると思われる。どんな教科でも課題研究の後はポスターセッションの場を設定してみて欲しい。

この実践における「教育的効果」を考察する！

1．バイオエタノールは必修教科で学んだ技能や知識が生かせる教材である。バイオエタノールと中学校理科の各学年の学習内容の関連を示した表－１からからうかがえるように，これを取り扱うことで中学校の全学年の子どもたちがバイオマスに関与することが可能になる。本実践は中学校９年生を対象に行ったので，表－１のすべての学習内容を生かすことができた。

表－１　バイオエタノールと中学校理科の学習内容の関連

学年	バイオエタノールとの関連事項	中学校理科における学習内容
中７年	・エタノールの抽出 ・原材料(デンプン)の生産	・蒸留，植物の成長，光合成
中８年	・原材料(糖)の生産	・酵素によるデンプンの分解
中９年	・糖の発酵や燃料としての利用	・微生物のはたらき ・化学エネルギーの利用

2．履修した生徒一人ひとりがバイオエタノールについて価値観を形成できた。そして，その利用の是非について実験データに基づいて主体的に判断

できるようになった。次の文章は一定量のサツマイモからバイオエタノールがどれだけ得られるのかを実験したグループが作ったメッセージである。

●○みんなで考えてみよう○●

1か月に車に100ℓガソリンを使う人がいるとすると，ガソリンとエタノール熱量比は10：7なので，全てエタノールにするとすれば，約142ℓ必要です。つまり，エタノールが約1,120kg必要です。エタノールの生産効率約35%とイモに含まれる炭水化物の含有量約20%から，1台の車を1か月使うのに，約16tのイモが必要となります。化石燃料のかわりとしても注目を集めているバイオエタノールですが，それにはかなりの量のデンプンが必要となり全ての化石燃料にかわるエネルギーとしてはまだ不十分なところがあります。飢餓で命を落としている人々はたくさんいます。そんな中で，私たちは食物をどう使うべきなのでしょうか？

あなたはエタノール約1ℓとサツマイモ約11kgどちらを選びますか？

原料や作成したエタノールの質量を測定し記録することでこのようなメッセージを作ることができた。生産効率は実験条件によって異なるし，エタノールの純度も100%になっているとは限らない。しかし，エネルギーなのか食料なのかを実験していない人が考えるときこのような数値が提示されていることが大切だ。生徒たちは「実験を繰り返すことで，段取りの仕方がだんだんわかってきててきぱき準備することができるようになりました。また，実験結果から考察を考えたり，発表をするときにどうやったら聞いている人にわかりやすいだろうと考えたり，まとめる力が伸びたと思います。」「バイオエタノールについて様々な知識を得ることができた。物事について複数の面から考えていくことができるようになったと思う。」と振り返っている。

3．発表を聞いた9年生と7年生の生徒に7段階でバイオエタノールの利用に対する考えが持てたかどうかアンケートした結果を表－2に示す。この結果から履修した生徒はバイオエタノールの利用について何らかの価値を見出し，それを他者に発信することができたと言えよう。

表－２　発表を聞いたあとのアンケート結果（９年生：68 名，７年生：14 名）

尺度	7	6	5	4	3	2	1	合計	平均	ＳＤ
中９	19	16	24	9	0	0	0	68	5.7	1.0
中７	9	4	1	0	0	0	0	14	6.6	0.7

（注：尺度が大きいほど，強い肯定を示している。中央値は４である。）

４．課題研究やポスター作りを行うことで，協同的な学びを構成することができた。表－３は「みんなと協力し，かかわりあいながら学習を進めることができたか」について４段階で履修者にアンケートした結果である。この結果から，履修者は協同的な学びを行っていたといえる。また，回答理由の記述の中には「みんなでないとできないことができたから」や「いろんな実験装置を使えるようになった。班員と協力する力が伸びた。」といった自己評価が見られた。

表－３　協同的な学びに関するアンケート結果（９年生履修者：17 名）

尺度	4	3	2	1	合計	平均	ＳＤ
人数	12	5	0	0	17	3.7	0.5

（注：尺度が大きいほど，強い肯定を示している。中央値は 2.5 である。）

また，サツマイモの栽培とそれを原料に使用したことで，生徒たちの興味・関心を最後まで高いレベルで持続できたことを付け加えておきたい。

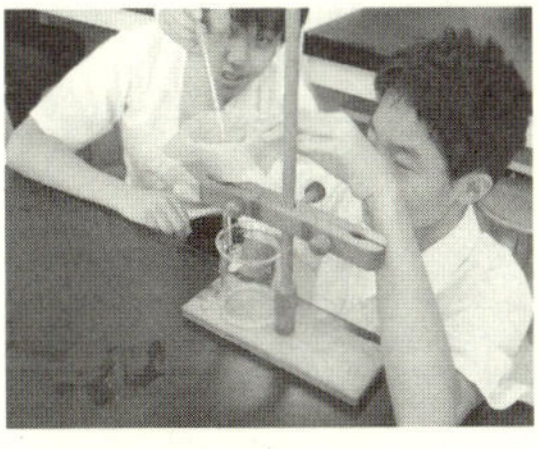
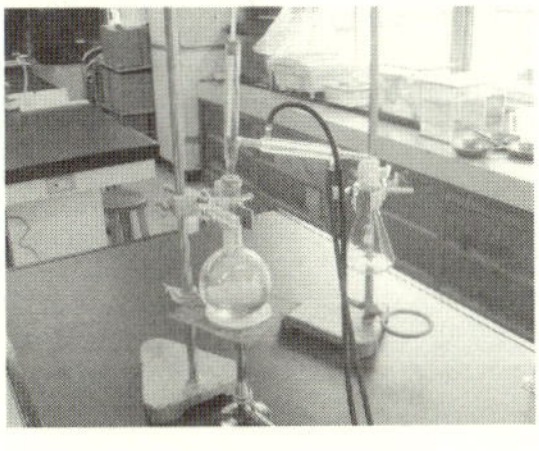

実験のようす（左：発酵液をろ過している。右：発酵液を蒸留している。）

（風呂　和志）

協同的創造学習

クレイアニメーションに挑戦！

実践事例⑤「選択美術科」　（9年）

こうして育てる！
協同的創造力

① 個々の発想を生かし，他者の意見を参考にしながら画面構成や動きの工夫を重ねることによって，アニメーションとしての新しい表現や技法を見つけ出すことができるようにする。

② よりよい作品を生み出すための試行錯誤をグループ員が協同で行うことを通して，個の制作では味わうことのできない「ともに創ることの喜び」を味わい，かかわり合いながら生きることを楽しむ態度を養う。

■ この題材は こうして進めた！

学んだことを生かし

集団で学び合いながら

新たな文化を創造する

第１次　クレイアニメーションを知ろう

1時間

1:クレイアニメの制作方法は？
2:参考作品の鑑賞を見てみよう。

第２次　シナリオを作り絵コンテにしよう

2時間

<u>1:アンケートを元にグルーピング</u>
3～4人で1グループ。

<u>2:シナリオを考える</u>

1分程度，台詞なしが原則。
「ほのぼの」「アクション」「ナンセンス」など，グループによってテーマは様々。

<u>3:絵コンテ化する</u>
これまでのマルチメディア学習が生きる！

第３次　キャラクターや背景をつくろう

4時間

撮影に備えて，キャラクターやバックをグループごとに制作。主にキャラクターの素材となる粘土は，固くならない専用粘土「モデリングクレイclaytoon PRIMARY」を使用。
背景や小道具の素材は自由。これまでの美術学習をフルに応用！

第４次　撮影と編集をしよう

16時間

試行錯誤を繰り返しながら，よりよい動きをグループごとに追求！

第５次　発表会で互いに評価し合おう

1時間

「実践の効果」をあげるための三つのポイント

POINT① 慣れ親しんだデジタル機器の活用

■ 国際コミュニケーション科の授業でよく使用し，使い方に慣れているデジタル機器なら「表現の道具」として自由に扱える！

自由で多彩な表現を実現するためには，そのための用具や材料をある程度使いこなすスキルが必要なのは言うまでもない。従来の美術で言えば筆や粘土ベラやはさみなどの道具や，絵の具，粘土，紙，セロファン，ニスといった材料の特性を知り応用することであるが，クレイアニメーションの場合はデジタルカメラや三脚，パソコンやその中の映像編集ソフトなどがこの「用具」にあたる。映像情報に関する国際コミュニケーション科の授業で日常的に触れているカメラやパソコンを「用具」とし，「うまく使えない」というストレスを最小限に抑え，表現活動に没頭できるようにした。

カメラのフレームの中の画面構成も，映像情報の授業内容が生かされ，「キャラクターをクローズアップにしよう」「カメラを揺らした感じで撮ろう」など，アングルや構図などに工夫をする姿が見られた。

POINT② キャラクターには扱いやすい粘土，背景は自由な素材で

■ 無条件に楽しい粘土細工に夢中！　楽しさは次の創意工夫を生み出す大事な土台。

幼かった頃，粘土での造形活動が大好きだったという子どもは多い。カラフルで扱いやすい粘土なら思うようにキャラクターや小物を作ることができる。夢中になって「これから動くはずの」キャラクターを作る様子がどのグ

ループにも見られた。キャラクターのムードにあわせて背景も粘土中心で作るグループや，画用紙や細ひもを使って家を造ったり電柱，電線を作るグループなど，たくさんの工夫が誕生していた。

造形活動の楽しさをしっかり味わうことが，さらに楽しい活動を自ら作り出す原動力となるのである。

POINT③　ノートパソコンを使って，その場で確認・その場で判断

■　アニメーションの動きがすぐ見える，すぐ話し合える，すぐ直せる。試行錯誤がかえって楽しくなる！

クレイアニメーションの原理は，被写体が少しずつ動いたり変化したりする写真を何枚も撮り，それを連続再生することで被写体が動いて見えるというもので，1秒の映像に6枚から10枚の写真が必要となる。ノートパソコンをグループに1台ずつ用意することで，撮った写真が連続再生で「どのように動くのか」，すぐその場で，しかもグループ全員で確認できる環境を作った。動きが良いも悪いも一目瞭然なので，話し合いや修正がすぐにできる。動きの悪かった部分だけ撮り直してパソコンに取り込み再生し，再び検討し直すことも簡単だ。

イメージ通りに動くまでグループ全員がかかわりあいながら制作を進めることが可能となった。

この実践における「教育的効果」を考察する！

美術科には以前から「共同制作」という概念がある。小学校や中学校時代に，卒業制作で「共同制作」をしたという経験を持つ人も多いだろう。

しかし従来の美術科が行ってきた「共同制作」は，制作に入ってからのディスカッション・方針変更が難しく，共同を謳いながらも実際には制作者である子どもたちの深い意見交流がなされていない場合が多かった。例えば学級全員で取り組む場合など，どうしても一部のリーダーとなる子どもの意見が制作に反映されがちで，その他の子どもたちは「その指示に従いながら」自分の役割を果たす，という状況も多かったのではなかろうか。進捗状況を制作者がその場で確認しながら修正や改変が出来るという点で，また制作にかかわるスタッフを少人数に設定した点で，この題材はその弱点をかなりクリアできたといえる。

これらの条件を整えたことで，子どもたちに共同制作の本当の喜びを味わわせることができた。この喜びとは，個々の発想力を生かしながらともに新しいものを創り出すことの喜びである。喜びは意欲となり，力となる。

実際の制作の場面でも，子どもたちの様々な学びが実感されるシーンが多々あった。途中まで出来たフィルムを他グループを招いて披露し感想を聞いているグループの姿，日頃あまり積極的に発言しない子どもがグループ内で意見を述べる姿，他グループの撮影方法にヒントを得て，「横からではなく上から撮ってみよう。」「椅子より机の上に上がった方がいいだろう。」と相談している姿などである。

あるグループでは，「消しゴム君というキャラクターが，落書きを消していったらどんどん小さくなる」というシーンを撮影していた。粘土で作った消しゴム型のキャラクターを少しずつちぎって小さく作り直しながら撮影したが，連続再生してもどうも「消しゴム君」の形がぼこぼこして不揃いにな

り，思うような動きにならなかった。何度も撮り直すうちにグループの一人が「大きさの違う消しゴム君を何種類も作っておいて取り替えながら撮影したら，うまくいくんじゃないか」とアイデアを出した。実際にその提案に従って撮影し，ついに納得のいく動きを作り出すことができたのである。

また別のグループでは，驚きを表すカットを撮影する際に，そのカットの背景だけをくしゃくしゃにした銀紙や光る素材の折り紙に差し替えて，心情表現を工夫していた。衝突を表すシーンでは，マンガの１コマのように，「ドッカーン」などのオノマトペを描いた紙をアップショットで撮るグループもあった。数え上げればきりがないほど，子どもたちはディスカッションの中から新しい表現や技法を次々に見つけて制作に生かしていったのである。こうした取り組みの末にアニメーションが完成したあとは，作品を他学年生徒の前で公開してコメントをもらったり，映像コンクールに応募したりするなど，子どもたちは自分たちの創り上げた文化を発信することの喜びにも目覚めはじめている。

試行錯誤や発見をグループ員が共に経験し，うまくいかない苦しさと納得のいくものを生み出せたときの喜びを共有することは，文化創造のプロセスとして欠かせないものである。これらの経験を積んだ子どもたちが少しずつ「協同的創造力」を身につけ，「夢を笑顔に」するためにまた新たな協同的創造学習に取り組む姿を，私たちは今日も見守っている。

（大和　浩子）

協同的創造学習

読み聞かせに挑戦しよう！

実践事例⑥「選択英語科」　（9年）

こうして育てる！
協同的創造力

① 幼稚園児に対する英語絵本の読み聞かせをグループで行うことを通して，聞き手を意識した音読の工夫と表現方法を見つけ出すことができるようにする。
② 他者の英文を聞いたり，発表を見たりして，よりよいリーディングの仕方を協同して創り上げることによって，読むことへの関心を高めることができるようにする。

■　この題材は こうして進めた！

学んだことを生かし

集団で学び合いながら

新たな文化を創造する

第１次　音読教材への理解を深める

1時間

- 個人で英語絵本を読み鑑賞する
- 個人で英語絵本に含まれるメッセージを考える

第２次　絵本の選択とグループ編成

2時間

- 個人が興味を持った英語絵本を発表する
- 他者の意見を参考にしながら英語絵本を決める
- グループ編成のための希望調査をする
- ３～４人で1グループを編成する
- グループ内で英語絵本への理解を深める
- 使用する楽器を決め，役割分担をする

第３次　効果的な音読方法を探す

3時間

- グループ内で音読練習と演奏練習をする
- グループごとに模擬発表をし，相互評価をする
- 模擬発表で分かった課題をもとに修正をする

第４次　読み聞かせに挑戦

3時間

- 5歳児に対する読み聞かせを実施する
- 実施後の自己評価とまとめをする
- 課題の明確化と次時への改善に向けて修正をする
- 4歳児に対する読み聞かせを実施する
- 実施後の自己評価とまとめをする

第５次　読み聞かせ全体の評価と分析

2時間

- 2つの実践を比較してまとめをする
- 実施後の自己評価とまとめをする
- 実践後の感想を交流する
- 選択教科発表会で意見を述べる【後日実施】

「実践の効果」をあげるための二つのポイント

POINT① 自分たちらしさを創り出す工夫

■ 絵本と音の出会い。絵本の世界に音を加わると，新しい世界観を創り出すことができる。

読み聞かせの決め手は，本との出会いである。BIG BOOK と呼ばれる大型英語絵本は，内容が平易なものが多く，英語に対して苦手意識を持った中学生にとっても扱いやすく，辞書なしでも音読ができる。また，物語の展開は絵を見て容易に推測ができるため，説明の英文をすべて日本語に訳して考える必要はない。しかし，絵があっても，説明で使われている英文があまりに難しいと，情景を考えて読んだり，英語の音を楽しんだりする余裕がなくなる恐れがある。読み手自身が楽しんで読むことによって，聞き手に夢と希望を与えるようなことができるのである。

今回の実践では，絵本の持つメッセージを効果的に伝える工夫を考えた結果，絵本に音をつけることにした。絵本の世界に音をつけることは，聞き手に様々な彩りを添えることができると考えたからである。使用する楽器は，生徒実態に即して選ぶことができ，また生徒自身が無理なく，そして楽しんで演奏ができる楽器を選ぶとよい。今回はピアノ，ギター，ピアニカの３種類の楽器を使用した。

POINT②　少人数グループの利点

■　少人数で複数のグループを編成すると，意見交流が活発になるばかりか，他グループの考えからも多くを学ぶことができる。

本題材は，少人数で複数のグループを編成するため，多様な考え方や価値観を持って取り組むことができる。グループ編成のポイントは，読みたい絵本が類似している者３～４人で構成する点である。少人数であれば一人ひとりが明確な役割を担うことになる。また，小グループが複数存在するため，相互発表を通して，多様な表現方法に触れる機会が持てる。そのような機会が積み重なることによって，新たな文化を創造することができるのである。

この実践における「教育的効果」を考察する！

読み聞かせの実施直後に，小グループでの相互評価と自己評価を行い，学習に対するアンケート調査を行った。「読み聞かせから学んだことは何ですか。」との設問に対して，生徒たちは「伝えたい・伝えようという気持ちを表に出す。」「相手（園児さん）のことを考える。」と回答した。また，実施してみての感想文には「始めから不安や抵抗感はありませんでした。やってみると，園児さんは真剣に楽しそうに聞いてくれたので，私たちも楽しくなりました。」と書かれていた。少人数で多様な表現方法に触れ，物語に音をつけて絵本の持つメッセージを表現する工夫をしながら，人とかかわって学習に取り組むことができれば，他者と協同して新たな文化を創造していこうとする協同的創造力が身につくのではないかと思う。

（松尾　砂織）

コラム

学校研究の英知の結晶

国士舘大学教授　北　　俊夫

わたくしは運営指導委員という立場から，特に協同的創造学習開発部会を中心に，三原学園の6年間にわたる研究開発学校としての実践研究にかかわらせていただいた。そこでもっとも学んだことは，学校の研究こそ協同的で創造的な営みだということだ。

研究開発学校は，学校教育に対する多様な要請に対応した新しい教育課程（カリキュラム）や指導方法を開発するために，学習指導要領等の国の定めた基準によらない教育課程の編成と実施が認められた学校のことである。教科等の構成とそれぞれの授業時数を設定し，学習指導要領によらないことができる。これらのことは，学校教育法施行規則第55条に規定されている。

学習指導要領等の基準によらない教育活動を展開することができるとはどういうことか。それは端的に言って，研究開発学校が日々の教育活動の基準を自ら開発・策定しなければならないことを意味している。すなわち，カリキュラムの開発である。「三原学園の学習指導要領」の開発とその実証研究が求められるのである。国が定めた学習指導要領にもとづいて教育課程を編成し，教育活動や授業を展開することに慣れ親しんできた学校において，カリキュラムを自ら開発するということは並大抵のことでない。

三原学園の先生方は，幼稚園，小学校，中学校が同一敷地内に位置しているというメリットを生かし，また三原学園長が三つの校・園長を兼ねるという人的な配置要件を踏まえて，幼稚園・小学校・中学校の12年間の一貫教育に取り組んだ。その基本テーマが，「21世紀型学校カリキュラムの研究開発」である。小1プロブレムとか中1ギャップなど校種間のみぞが課題になっている。学校や教師の意識には，校種によるそれぞれ固有な文化が形成されている。またクリアすべき固有の課題もある。

こうしたさまざまな課題を克服して，研究と実践を深め，生み出した成果の一つが「三原学園幼小中一貫教育及び指導要領」である。「総則」「三原版幼稚園教育要領の考え方」「新設教科」「既存教科」「かかわり学習」の五つの章から構成されている。これが「三原学園の学習指導要領」である。平成20年３月までにとりまとめられた。

これを見ると，三原学園における教育課程編成の基本的な考え方をはじめ，新設した教科である「国際コミュニケーション科」「発見科」「表現科」についての目標や内容が体系的に整理され，提案されている。既存の教科においても，協同的創造学習の視点から目標や内容の改善が図られている。

三原学園の協同的創造学習開発部会等が進めてきたカリキュラム開発は，机上でつくり上げられたものではない。子どもの成長と発達を願い，実践の証を確認しながら創られたところに特色がある。

附属学校の研究は，その性格上どうしても教科の立場が強くなり，教科固有の学力を形成することに関心とエネルギーが集中しがちである。教科カリキュラムの研究は進んでも，学校カリキュラムにまで集約されないことが多い。三原学園の先生方は，例えば協同的創造学習では，学習成果の活用力，集団での学び合い力，文化の創造力の三つを教科横断的な学力としてとらえた。第１学年から第９学年（中学校第３学年）まで継続的な指導を展開している。一人ひとりの教師が教科研究の立場を越え，学校運営の視点に立った研究へと意識変革していったものと思われる。これこそ一人ひとりの教師の専門性と得意分野を生かした，協同的，創造的な学校研究である。その英知の結晶がとりまとめられた。

本研究の成果は，そのまま一般の公立小・中学校で活用できない部分もある。しかし，カリキュラム開発とは何か。それはどのような内容をどのような手順や方法で策定されるのかなど多くのことを学ぶことができる。

コラム

「協同的創造力」を考えていたあの時

広島大学教授　小原　友行

三原学園が21世紀型の教科学力として重視している「協同的創造力」は，各教科で学んだ知識や技能を活用して，他者と協同しながらよりよい生活をつくり出していくための新しい文化を創造していく力であり，「関心・意欲・態度」「思考力・判断力」「技能，表現力」「知識・理解」にプラスした５番目の観点別目標となっている。これは，必修教科の学習でも重視されるだけでなく，選択教科の中ではとりわけそれを重点的に育てる「協同的創造学習」が行われることになる。

ところで，研究の発足期に，当時の幼稚園・小学校・中学校の研究主任と長時間にわたって校長室でああでもない，こうでもないと議論し，決断をしてようやくこの用語に落ち着いたあの日のことを今でも思い出す。その時に強く意識していたのは，当時話題になっていた二つの物語であった。

一つは，閉園の危機にあった最北端の動物園で生まれた「旭山動物園物語」である。それは，入園者が集まらない動物園で，関係者が協同して知恵を出し合いながら，理想の動物園，すなわち動物を見せるのではなく，行動展示によって動物の力が見える動物園に変えたら奇跡が起こったという物語である。そこには，動物の飼育に関するすべての知識・技能を総動員して，協同しながら直面する問題を克服していったチームの創造力があるように思われた。これは21世紀型の学力にもつながるのではないかと，その時なんとなく感じていた。

もう一つは，外国からの帰国便でみた映画「ペイ・フォワード」の物語である。映画の中で，主人公である中学１年生のトレバー君は，社会科の先生から出された「もし君たちが世界を変えたいと思ったら何をするか」という宿題に対して,「善意を次の人へと渡す運動」を考え出す。彼がまず３人の人に実行し,次にその３人がそれぞれ別の３人に実行するというものである。そしてこの運動は，本当に世界を変える可能性を持ち始める。

各教科で学んだ力を活用してよりよい社会を実現するための新しい文化を，子どもたちが協同して創造する「協同的創造学習」は,「人のためにつくして感謝する」を信条としてもつ三原学園らしい学びになるのではないかと感じて，飛行機の中で急いでノートにメモしたことを思い出す。

あれから６年の年月が過ぎたが，この間の研究・実践を通して,「協同的創造学習」によってどのような子どもの姿が見られたのであろうか。何度か，児童・生徒が発表する姿を見学する機会を得たが，エピソードとして強く記憶に残るのは，中学生のオリジナルミュージカルであろう。役割分担をしながら,一つの総合表現をチームとして作り上げていく姿は，協同的文化創造そのものであった。英語科では「I Have Dream」を発表する姿に感動し，地域の高齢者を招待して喫茶店を開いた家庭科学習に心和み，ユーモア溢れるダルマやアニメを制作した図工・美術に拍手をおくった。また，学校や地域の生活環境をよりよくしていく方法を考えた理科や社会科，全校で楽しめるゲームを開発した体育,小中合同の国語など,ワクワク・ドキドキする学習が数多く開発された。

振り返ってみれば,「協同的創造学習」は，改正学校教育法第30条第２項に規定されている,「生涯にわたり学習する基盤が培われるよう，基礎的な知識及び技能を習得させるとともに，これらを活用して課題を解決するために必要な思考力，判断力，表現力その他の能力をはぐくみ，主体的に学習に取り組む態度を養うことに，特に意を用いなければならない」という考え方と共通するものであろう。

しかし,６年間で最も印象に残ったことは,附属三原学園の教師がプロジェクトチームを組んで，新しいカリキュラムや学習方法の開発にひたむきに挑戦し続けてきたその志である。それは協同的創造そのものであったし，その後ろ姿を子どもたちはちゃんと見て育っていくと考えることができよう。

第５章　かかわり学習で育った子どもたち

Ⅰ．かかわり学習で育った子ども

４年生の宏は明るく元気で，何事にも一生懸命とりくむ活発な男の子ですが，「何事も完璧にしなければならない。」という思いが強く，周りからの評価をとても気にしています。そのため，うまくいきそうにない時は，「これ以上はもういい。」と失敗を恐れ，すぐにあきらめるところもあります。また，自分の考えを素直に表現することが苦手です。

宏はサッカーが好きなので，「初めての交流会の時はペアさんと一緒にサッカーをしたい。」と楽しみにしていました。しかし，ペアの卓は虫が大好きで，園生活の自由遊びの時間ではいつも虫を探しています。交流会当日も，「ぼくがアメンボをつかまえるから，お兄ちゃんはアメンボをビニル袋に入れて持っといて。」と，乗り気ではない宏を気にもとめず，ずっと池のそばでアメンボ捕りに夢中になっていました。時々宏は，「ねえ，ボール遊びしようよ。」と誘っていましたが，卓は「したくない。アメンボ捕りをする。」と言い，宏の要求を全然聞き入れませんでした。そのうち呼んでも来てくれなくなり，宏は困り果てていました。その後宏はほとんどペアと話をすることなく，交流会中ずっと不機嫌そうにしていました。

＊＊＊＊＊＊＊＊＊＊＊＊＊＊＊＊＊＊＊＊＊＊＊＊＊＊＊＊＊＊＊＊

本学園では11年前より，４年生と年長児とがペアになり，年間を通じた交流活動を行っています。このペア活動はこの後，５年と１年，６年と２年と続いていきます。そのペア関係が始まる最初の交流において，宏は自分が思い描いていたかかわりが出来ず，とまどっていました。最初のうちはどうにか状況を変えようとしていましたが，卓の行動が変わらないことから，「どうしようもない。」と，自分からかかわることをやめてしまいました。この時宏は，自分が思い描いていた「自分の言うことを聞いてくれる幼稚園さん」像と違い，まったく言うことを聞いてくれない卓に対して「嫌だなあ。」と漠然とした「嫌悪感」を持ち始めていました。宏も卓も，お互いの気持ちに気づくことが出来ず，歩み寄れない状態でした。

6月の第2回目の交流活動は『「お兄さんお姉さんと一緒」を楽しく踊ろう』でした。本学園では，幼小中合同運動会を行っています。その種目の中に，幼稚園年中・年長児と4年生・8年生による合同種目「お兄さんお姉さんと一緒」があります。

練習中このようなことがありました。4年生と年長児が並んで座っている時，数人の年長児がペアの4年生のひざに座り，4年生と楽しくおしゃべりを始めました。年長児にしてみればペアの4年生とスキンシップをとっていたのでしょう。その様子を見ていた卓も，宏のひざに座ろうとしました。しかし宏は，「やめて。ちゃんと座っといて。」と言って卓をひざから押しのけてしまいました。

練習中の卓の様子を見ていると，宏の言うことを聞かないわりには，宏がどこにいるかいつも気にしたり，宏にべったりと抱きついたりしており，宏が嫌いなのではなく，卓は宏に甘えたいようでした。しかし，宏にとっては卓の行動が，「僕を困らせる行動」としか思えていませんでした。

この後も様々な交流が続きましたが，宏の卓を見る目は変わりませんでした。宏が卓に話しかけることはほとんどなく，かかわりを避けていました。宏は，行動の裏に隠された卓の思いを感じとることが出来ませんでした。

12月の第6回目の交流活動は，グループでの活動を中心とした『クリスマス会を共に楽しもう』です。ペアと一緒にケーキを作り，グループで紙芝居やクイズの出し物をすることになりました。宏と卓たちのグループは紙芝居をすることにしました。紙芝居を作っている時，宏は卓や他の年長児とかかわることなく，ただ黙々と絵を描いていました。卓たち年長児が「ぼくたちにも，何かさせて。」と言っても，「それならこの下書きの線をマジックでなぞって。」と，簡単な仕事をさせるだけでした。その様子を見た同じグループの正に，「宏君，幼稚園さんにも色を塗ってもらおうよ。」と言われても，「幼稚園さんには上手にできないよ。」と返事をするだけでした。

しかし，この交流活動は，宏に大きな転換を迫りました。それは，友達の目です。年長児との交流活動前後や活動の途中では，活動の様子を撮ったビデオなどをもとに話合い活動を行い，次に向けて成果と課題を全体で確認してきました。今まで宏はいつも，「幼稚園さんは楽しかったと思う。」と発表していました。今回も同様でした。しかし，「ビデオを見ると，それは違うと思うよ。宏君のあのかかわり方だったら，幼稚園さんはきっと楽しくなかったと思う。」と，友達は認めませんでした。宏は話合いで初めて自分の行動を指摘され，しばらくだまっていましたが，「いつも僕の言うことを全然聞いてくれないし，ぐちゃぐちゃにされたら嫌だから，卓君には何もさせなかった。」と，語りました。「それはおかしい。」という意見が出される中，正が，「卓君は言うことを聞いてくれないことが多いんだよ。宏君は困っていたし，大変なんだ。」と，宏を弁護する発言も出されました。そして宏は，「第１回目の交流の時から悩んでいた。ペアさんと仲よくなりたいのだけどペアさんは僕に嫌なことばかりしてくる。どうしていいかわからない。とても困っている。」と，初めてペアとの関係で悩んでいることをみんなに語り始めました。「みんながペアと上手くいっているのに，自分だけ上手くいっていないとは言えなかった。」とも語りました。友達から自分の経験をもとに，「宏君，卓君は宏君のことが本当は好きなんだよ。甘えているんだよ。」「僕のペアさんもそうだけど，小さい子って，わざと嫌がるようなことをしてかまってもらいたいんだよ。」という意見が出されました。宏は，自分の悩みを打ち明けられ，友達からアドバイスをもらったことで，気持ちが楽になったようでした。宏は，徐々に卓との関係を改善していこうと動き始めました。それは，交流会当日の様子からも伺い知ることができました。今まではいくら卓が手を握ろうとしても，「卓がどこかにいかないように」宏は卓の手首を握っていることがほとんどだったのに，卓と宏は手を握りあっていました。

何となく二人の関係に変化が見え始めた頃，卓は小学校に入学してきました。１年生のお迎え活動の時，宏は卓への手紙に，「卓君が入学してきて，お兄ちゃんはとてもうれしいよ。これからも仲よくしようね。」と書いていました。しかし，活動中は昨年度と同じように注意を聞いてくれない卓に困惑し，不機嫌な様子で，卓とのかかわりをさけようとしていました。そこで，他の１年生とのかかわりを通して，いろいろな角度からペアとの関係を見つめ直し，より信頼関係を深めることができるように，活動の主体を「個と個」の関係から，学級と学級の「集団と集団」の関係に変えてみようと考えました。

６月の交流会『１・５（いちご）運動会』では，他の５年生が「卓君。君が注意をきいてくれなくて，宏君は困っているよ。ちゃんと注意を聞いてね。」と，卓に注意をするなど，自分のペアだけではなく，他の１年生にもより深く関わろうとする姿が多く見られるようになりました。また，「宏君，もっと大目にみてあげたらどうかな。」と，宏にアドバイスすることも増えてきました。宏は，

仲間から支えられていることに感謝しつつ，他の１年生とのかかわりを通して，卓との関係を，様々な角度からみることの大切さを感じるようになってきました。

５年生最後の交流活動は，『１・５劇をしよう』でした。宏は「さるかにばなし」，卓は「桃太郎」と違うグループでした。宏は一人で出来る係や役を選び，練習もいつも一人で行っていました。学級での話し合いの時，宏が「ぼくは１年生さんから嫌われたくない。それで，うまく注意ができない。」と，

自分の悩みをみんなに伝えました。友達から,「私はたくさん注意しているけど,嫌われたことなんかないよ。」とアドバイスをもらい,少し楽になったようでした。宏は卓だけではなく,他の１年生との関係もよりよくしていこうとしていました。

『１・５劇』の発表会が終わった後,１年生から手紙が届きました。「５年生さんのおかげで,すばらしい劇ができました。ありがとう。」と,感謝の思いを述べたものばかりでした。さらに,「けがをしたとき保健室に連れて行ってくれて,ありがとう。」と,日常のかかわりについても書いてありました。子どもたちは,「家族に『劇,上手だったね』とほめられました。とてもうれしい気分になりました。そのうれしい気分も５年生さんがくれたのでありがとう。私が５年生になったら,今の５年生さんみたいになりたいです。」という手紙を読んだとき,自分たちのことを大切に思ってくれている１年生に感謝するとともに,自分たちがやってきたことに自信をもち,これからも１年生のために努力していこうと意欲を高めていました。

卓は手紙に,「お兄ちゃんいつもありがとう。お兄ちゃんが役員に選ばれて,僕はとてもうれしいよ。」と書いていました。宏が新しく自伸会（児童会）の役員に選ばれたことを自分のことのように喜んでいました。友達から,「やっぱり卓君は宏君のことが大好きなんだ。」と言われ,宏はとてもうれしそうでした。この宏が自伸会の役員になったことは,宏と卓の関係を劇的に変える「きっかけ」となります。

自伸会役員任命式の時,卓は宏が任命証をもらうと,満面の笑みで手が赤くなるほど拍手をしていました。また,周りの友達に,「ぼくのお兄ちゃんなんよ。ぼくのお兄ちゃんすごいでしょう。」と,話しかけていました。任命式後,学級では「ねえ卓君を見た。すごかったよね。私感動しちゃった。宏君のことが大好きなんだね。」「ペアのことを自分のことのように,あんなに喜べるなんて,卓君すごいねえ。」と,みんなが宏に語りかけていました。その時,「そういえば僕も,ペアのお兄ちゃんが役員になったときとてもうれしかったなあ。卓君をみて思い出したよ。ペアのお兄ちゃんは，本当のお兄ちゃんなんだよな。」という勝の言葉に，みんなうなずいていました。宏は笑みを浮かべながらも目に涙を浮かべ，「任命式の時ずっと，卓君は僕に手を振っていてくれた。卓君が僕のために一生懸命拍手しているのも見えた。手を振り返せなかったけど，卓君の思いが痛いほど伝わってきた。卓君は僕にとって大切なペアだ。」と，語りました。

それから一年，宏は６年生，卓は２年生となりました。二人の様子は，「けんかもするけど仲の良い兄弟」という雰囲気です。これまで二人は，交流活動を通して，かかわり合うことの喜びや充実感，時には葛藤や挫折感を共に体験してきました。そのなかで，宏は年上としての責任を自覚するとともに，年下である卓を思いやり，自分の思いと調和させながら行動することの大切さを感じとってきました。卓は宏たちが自分たちのために様々な努力をしてくれていることに感謝するとともに，尊敬の感情を抱くようになりました。

他者の思い受けとめ，自ら相手や自分の周りに働きかけることによって，自分と相手のよさを発揮できる状況を創り出していく子どもたち。本学園ではこのような子どもたちを育てるために，どのような取り組みをしているのでしょうか。次節では，かかわり学習を支える理論やカリキュラムについて述べていきたいと思います。

（石原　直久）

Ⅱ．他者や集団と豊かにかかわる子どもを育てる

1．「かかわり学習」の理論

（1） 自伸会信条より

本学園では，「自ら伸びる子ども」の育成を目標に，1924年につくられた自伸会信条を教育の柱として教育活動を進めてきている。その信条とは，次の三つである。

一，私たちは，私たちの力で伸びていこう 一，私たちは，人のために尽くして感謝しよう 一，私たちは，私たちのきまりを尊重しよう

信条の一番目は，子どもの自主性を育てる側面であり，自己実現をめざす子どもの姿である。二番目は，連帯性を育みながら，共感的な理解をともなう自己尊重の気持ちを培うものである。三番目は，一人ひとりの自律性を育てる側面であり，学校や地域社会の一員であるという自己形成をめざしている。

ここに描かれているのは，「生涯を通してより高い価値を追求し，社会の人々と協力しつつ自己変容，自己形成を続ける人間」である。私たちは，自己実現とは他者とのかかわりの中でこそなし得ると考える。「自分」というものを持たないままでは他者とのかかわりはうまれないし，他者とのかかわりの中で「自分」というものの理解を深めることもある。

これから迎えるであろう超少子化社会においても，私たちはかかわりをうみ出すことができる子ども，言いかえれば豊かな人間関係力を身につけた子どもの育成をめざしているのである。

（2） 子どもたちの現状

現代社会では，グローバル化，高度情報化，超少子化などの側面が，子どもたちの成長に大きな影響を及ぼしている。

かつて，子どもたちは地域の中で年齢・男女を問わず，「仲間」と一緒に「群れ」て遊んでいた。その中で子どもたちは，自分よりも年上の子どもから多

くのことを学びながらさまざまな生活体験を積み，知らず知らずのうちに仲間とのつきあい方を覚え，創造性ややる気を育み，成長していた。

しかし，現代の子どもたちは，超少子化などにより兄弟姉妹で遊ぶ経験の少ない子どもが多く，地域社会においても子ども間でのかかわり合いが希薄になってきている。

少子化の問題点として，

○　我慢・思いやり・感謝・友情などを学ぶ機会が減少し，人間として最も大切な心の発達が阻害される。

○　親や周辺の過保護・過剰期待によるプレッシャーなどにより社会性や自主性の発達が阻害される。

ことが挙げられる。

また現代の遊びの代名詞とも言えるコンピューターゲームは,「独り」で「疑似体験」を「与えられたルール」の中で楽しむ遊びである。この遊びに夢中になっている現代の子どもたちは，時間や空間を「仲間」と，「自由に工夫して使う経験」が非常に乏しくなっている。またそういった遊びの形態を好む傾向にあり，自分たちで空間やルールを設定する「ごっこ遊び」のように仲間と創造的に活動することを敬遠しがちである。

その結果自分と他者との関係がうまくつくれず，また自分自身との対峙すらできず心の空洞化や閉塞感から他者を攻撃したり，無力感から自閉的な傾向に陥ったりしている。

このような超少子化時代の課題を克服するためには，学校教育においても子どもたちに人間関係力を育むための意図的な取り組みが必要であると考える。

（3）「かかわり学習」とは

そこで，子どもたちに身につけさせたい人間関係力を育成するために，道徳・特別活動・クラブ活動・学校行事の学習や活動における，「かかわり学習」を位置づけている。

「かかわり学習」とは，「一つの学級集団だけでなく異学年，異校種を含むさまざまな他者や集団と直接的にかかわり合う体験を通して，広い視野に立ち他者や集団と豊かにかかわる力を身につける学習」である。人とのかかわりを通して，他者とのかかわり方を学んだり，かかわり合うことそのものを学習の目的としたりするものである。このようなかかわり体験は，かかわり合うことの喜びや充実感，時には葛藤や挫折感など何らかの感動体験をともない，この心の揺れこそが子どもたちに深い学びを生み出すことができるものであると考えている。

（4） 人間関係力とめざす子ども像

「人間関係力」とは，自分と自分のまわりの他者の存在やその思いをしっかりと受けとめ，自ら相手や集団に働きかけることによって，自分と自分のまわりのよさを発揮できるような状況を創り出していく力である。

私たちは，他者や集団と直接的にかかわり合う体験の中で「まわりのことを考え→適切に判断し→行動化する」という道筋を子どもたちに繰り返し歩ませることで人間関係力を育成していこうとしている。

その際，「何のためにするのか」という目的意識を持たせること，様々な他者とのかかわりのあり方について，自己評価や相互評価を行うことが必要であると考える。これらのかかわり体験や体験の振り返りを継続して積み重ねていくことを通して自己効力感を高め，他者や集団と豊かにかかわる力を身につけた子どもを育てることができると考えている。

私たちは，人間関係力として子どもたちにつけたい力を次のように設定している。

①　まわりのことを考える力

○相手や集団の状況を感じ取り，その場にいる人の気持ちを推し量って，自分の思いと調和させる力

②　適切に判断する力

○どうすることが相手や自分や集団の一人ひとりにとってよりよいこと

であるかを判断する力

③　**行動化する力**

○解決に向けて主体的に行動する力。マネジメント能力(創造的に企画・運営・活動する力)

２．これまでの具体的な取り組み

（１）「道徳・特別活動の総合単元」「幼小中合同行事」について

他者や集団と豊かにかかわる力を育成するために，主に，「道徳・特別活動の総合単元」「幼小中合同行事」の開発という二つの領域について取り組みを行ってきた。その際，自己表現力の育成や，様々な他者とのかかわりのあり方について自己評価や相互評価を行うことも必要である。これらのかかわり体験や体験の振り返りを継続して積み重ねていくことを通して自己効力感を高め，他者や集団と豊かにかかわる力を身につけた子どもを育てることができると考えている。

○道徳・特別活動が連携した総合単元的な扱いの学習開発

道徳・特別活動の時間においては，自伸会信条に描かれた「生涯を通してより高い価値を追求し，社会の人々と互いに協力しつつ，自己変容，自己形成を続ける人間」の育成をめざし取り組みを行ってきている。これらの二つの領域の総合単元的な学習を開発することによって，より効果的に社会性が育まれると考えられる。

○幼小中合同行事を感動体験として設定した取り組みの開発

幼小中の各種行事・クラブ活動のあり方を，一貫教育の視点から見直し，小中自伸会組織を中心に据えてより一層子どもたちのかかわりを深めさせ，学園全体の文化・スポーツ活動をより豊かにしていく。年齢が上の中学生が小学生に技術や活動方法を指導することや，児童・生徒共同で創造する活動によって，生涯にわたるマネジメント能力が養われると考えられる。

3．かかわり学習の目標

（1）目標

自分と自分のまわりの他者の存在やその思いをしっかりと受けとめ，自ら相手や集団に働きかけることによって，自分と自分のまわりのよさを発揮できるような状況を創り出していく力（人間関係力）を育成する。

（2）各区分の目標

12年間の区分と目標については，次の通りである。

表－1　12年間の区分と目標

	年少～年長	1年～3年	4年～6年	7年～9年
まわりのことを考え	初めて所属する集団において自分以外の人の存在を感じ，身近な人や小集団に親しみ，	新しい環境において，身近な人や学級集団に親しみ，自分にも相手にも思いがあることに気づき，	自分や相手の思いが違うときもあることに気づき，それを認めながら，	他者や集団の思いを受けとめ自分の思いと調和させながら，
適切に判断し		状況や自分や相手の思いを感じながら，	自分がやるべきことを考え，	自他や集団にとってよりよい状況をつくるための方法を考え
行動できる	相手に対して自分の思いを出したり，自分の思いを相手に伝えたりする。	ときには自分の思いを我慢したり譲ったりしながら，進んでかかわろうとする。	相手に働きかける。	目的に向かって行動する。

４．取り組みの評価

（１）平成17年度までの社会性調査の概要

①　調査の目的

子どもたちの人間関係力の育ちを測定するために，向社会性について調査をし，把握する。

②　調査の内容

子どもの将来にわたって必要と考えられる社会性（他者や集団と豊かにかかわる力）について，児童・生徒の実態を把握する内容項目。

③　調査の方法

対象：本学園児童・生徒

時期：１回目平成15年３月
　　　２回目平成16年９月
　　　３回目平成17年７月

方法：質問紙法４段階評定尺度法と「理由」の自由記述
　　　（但し，１～３年生は３段階評定尺度法）

調査項目・・・向社会的態度そのものや，その前提条件や必要条件としての「共感性」や「役割取得能力」と思われる項目について調査する。

区　分	調　査　項　目
Ⅰ　対人的行動に対する態度	○思いやり・親切・同情(困っている人に対して，寂しそうにしている人に対して)，正義・公正・公平，寛容，物の貸し借り，礼儀，けんかの仲裁
Ⅱ　基本的生活習慣	○挨拶をする(お客さんに対して，同級生に対して)，人の話を聞く，私語をしない，指示がなくても行動する
Ⅲ　社会的役割遂行のための態度	○掃除や作業・勤労，責任ある行い
Ⅳ　集団の文化的価値と規範に対する態度	○きまりや順番を守る，人のために尽くす・奉仕の心

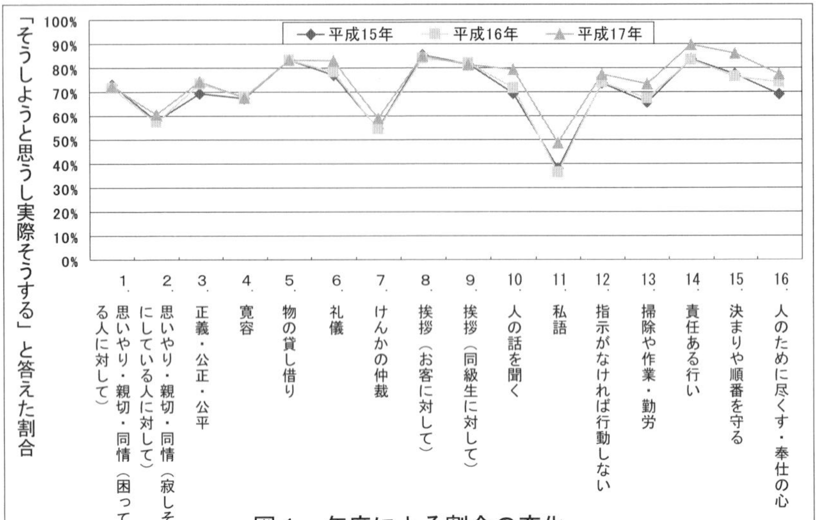

図１　年度による割合の変化

④　結果と考察

ａ．全体の概要

図１は，平成15年，16年及び17年の全学年の調査結果を合わせて表したものである。平成17年は，平成15年，平成16年と比較して，16項目全てにおいて望ましい行動である「そうしようと思うし，実際にそうする」のパーセンテージが上昇している。このことから，本部会のさまざまな取り組みにより人間関係力の育成が図られたと考えられる。

ｂ．特徴ある結果がでた学年

ア　９年生

○　結果

図２は，16項目全てについて，中学校３年生の第１回目の調査（平成15年）と，第３回目の調査（平成17年）の結果を表したものである。「かかわり学習」の取り組みを実践する前の，第１回目の結果と第３回目の結果を比較すると，第３回目の調査（平成17年）では16項目全てにおいて

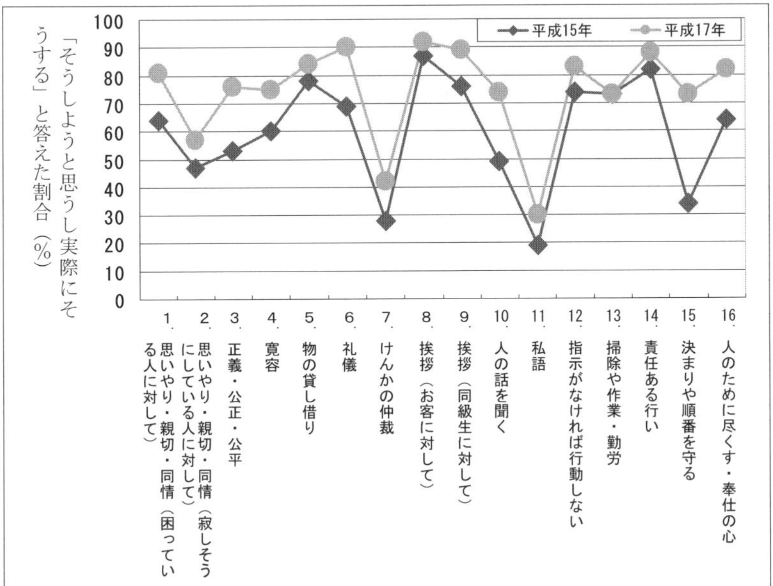

図２　平成15年と平成17年の９年生の割合変化

望ましい行動である「そうしようと思うし，実際にそうする」のパーセンテージが上昇している。そして16項目の中でも特に「決まりや順番を守る」は39％，「人の話を聞く」は25％，「正義・公正・公平」は23％と，この３項目においてはパーセンテージが著しく上昇している。また，「礼儀」，「挨拶」，「人のために尽くす奉仕の心」，「寛容」の項目においても，10％以上上昇している。

○　考察

この結果を導いた背景について考察してみると，まず，「決まりや順番を守る」，「人の話を聞く」，「正義・公正・公平」のパーセンテージが著しく上昇しているのは，合同クラブ・合同行事などの異校種や異学年との交流を通して，９年生の生徒たちに学園のリーダーとしての意識がより定着したのではないかと考える。また，望ましい行動が，10％以上上昇している「礼儀」「挨拶」「人のために尽くす奉仕の心」「寛容」については，社会体験学習「わくわくワーク三原」を経験したことにより，これらの意識や行動が高まったと考える。加えて，「道徳の時間」や「特別活動」の時間で社会とのつながりや自分の生き方を考えることにより社会性が身に付いたと考えられる。学園の出口である９年生で，このような成果が見られたということは望ましい人間関係力が育成できてきていると考えている。

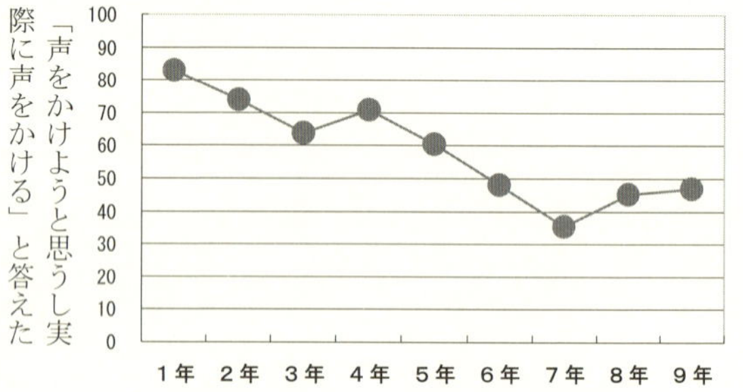

図３　「思いやり・親切・同情（寂しそうにしている人への行動）」（３回の調査の平均）

イ　４年生

○　結果

図３は「寂しそうにている人への思いやり・親切・同情」の項目について，「そうしようと思うしそのように行動する」を選んだ子どもの割合の３回の調査の平均値を表している。１年生から３年生において低下傾向にあるが，４年生では上昇している。それ以降は７年生まで再び低下する。

○　考察

私たちはその理由を４年生に固有の幼稚園児の交流活動にあると考えた。この学年は年間を通して幼稚園のペアとかかわる体験をする。子どもたちは活動の中で様々な困難を乗り越えて相手のためになることを考え実行する力を付けいく。４年生で「寂しそうにしている人への思いやり・親切・同情」へのパーセンテージが上昇するのはこの体験が背景にあると考えている。

（２）平成18年度からのかかわり調査の概要

①　調査の目的

「まわりのことを考え，適切に判断し，行動化する力」を育む上で，児童・

生徒の実態をつかみ，より効果的な学習活動を開発するために，かかわり調査を実施した。

② 調査の内容

かかわり調査の内容として，相手の状況に気づき，相手が困っているような場合には，それに対して適切な判断と行動をする力がどのくらい児童・生徒に育っているのか，その実態をつかむことにした。調査は，アイゼンバーグによる，「向社会的行動調査」の児童用日本版（吉村，2003）を，さらに本学園の児童生徒に合うように改めて作成した。

調査項目は，向社会的行動の内容によって分けられる，次のようなカテゴリーをもとに作成した。

「社会的資源が不足している人への援助行動」，「労力を必要とする援助行動」，「気遣い・いたわり行動」，「緊急事態における援助行動」，「分与行動」，「助言・忠告行動」

向社会的行動は，相手によって生起の状況が異なる（アイゼンバーグ）ことから，平成18年度は相手が「友達のとき」と「友達以外の学園内の子どものとき」について質問したが，子どもたちにとって，「友達以外の学園内の子ども」のイメージがつかみにくいという課題となった。そこで平成19年度は，相手が「同学年の友達のとき」（友達）と「小学校低学年くらいの子どものとき」（年下）について質問した。また，子どもたちの行動に至る前段階での意識を詳しく知るため，質問項目の後に自由記述の欄を設け，子どもたちが出来事をどのように認識し，どう判断し実際に行動に移っているのかを明らかにしようとした。

③ 調査の方法

対象：本学園児童・生徒

時期：平成18年度９月，平成19年度10月

方法：質問紙法４段階評定尺度法と「理由」の自由記述

④　結果と考察

a．全体の概要

向社会的行動は，友達以外に対してよりも，友達に対して多く生起するという先行研究の結果が明らかとなった。全体として，友達に対しては，おおむね向社会的行動を行っていることが分かった。また，平成18年度より平成19年度の方が数値が高くなっていた。

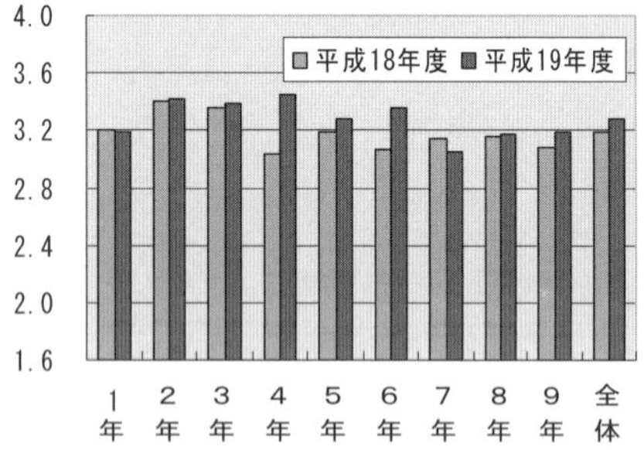

図4　友達に対しての向社会的行動

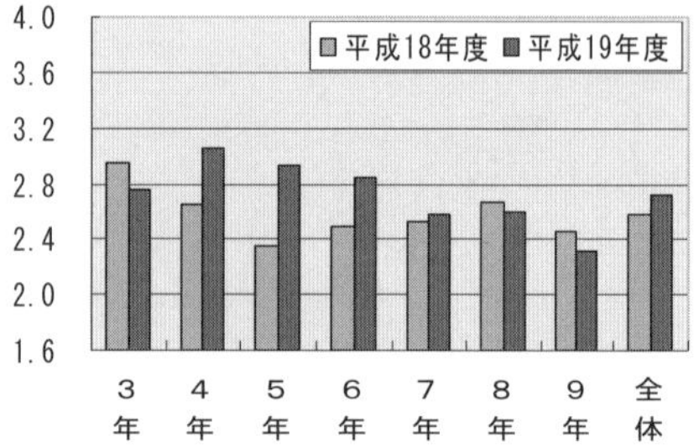

図5　平成18年度は友達以外，平成19年度は小学校低学年に対しての向社会的行動

b．特徴ある結果がでた学年

ア　4年生

○　結果

平成19年度の4年生は，「友達」に対する向社会的行動も「小学校低学年」に対する向社会的行動も，他の学年と比べて高い。

○　考察

この調査の直前に幼稚園年長児との交流活動を行った。そのため「小学校低学年」（年下）に対する数値が高くなったと考えられる。また，「友達」に対する数値も高いのは，交流を創りあげるために，友達と共に力を合わせて活動したことで，より信頼関係が高まったからだと考えられる。

イ　5年生

○　結果

平成18年度は「友達以外」に対する向社会的行動で，すべての学年おいて一番低い値であった5年生が，平成19年度では高い伸びを示し，「小学校低学年」に対しての向社会的行動は高い値を示した。

○　考察

平成19年度は，昨年度と比べ，より継続的にペア学年である１年生と「１・５（いちご）交流活動」を行ったため，「小学校低学年」に対する数値が高くなったと考えられる。

ウ　９年生

○　結果

平成18年度の「友達以外」や，平成19年度の「小学校低学年」に対しての向社会的行動が低い。

○　考察

自由記述によれば，９年生は「友達」や「友達以外」が落ち込んでいる時には，「そっとしておいた方が相手のため」「いろいろ言われると相手は嫌がる」と，相手の状況を考えて行動している様子がうかがえる。

また「小学校低学年」に対しては,「かかわる機会がない」と書いており，かかわる機会がないことが数値が低い原因であると考えられる。

５．今後にむけて

日常の子どもたちの様子や調査結果などから，異校種・異学年の交流活動は，子どもたちに豊かな人間関係力を育てている。特に，年長児と４年生のペアのように，ペア関係を一年間維持しながら取り組む活動の成果はきわめて大きい。４年後に再び４年生と８年生のペアとして復活させたときに，互いの成長を確かめ合いながら新たなかかわりを育んでいくという様子にも表れている。この成果を生かし，さらに子どもたちの人間関係力を高めるために，今後も，このペア学年による交流活動を拡げていくことが考えられる。また，かかわり調査や，幼小中合同運動会アンケートなどで明らかになった，中学生の「小学生とかかわる機会があまりない」という状況を変えていくために，中学生と幼稚園・小学生の異校種の交流学習を開発していく必要がある。

（かかわり学習開発部会）

かかわり

「お兄さんお姉さんと一緒」（ダンス・団体競技）

実践事例①「運動会合同種目」　（年中・年長・４年・８年）

こうして育てる！
人間関係力

① まわりのことを考える力

（幼）お兄さんお姉さんとふれあいながら親しみの気持ちをもつことができるようにする。

（小）ペアの園児や８年生について，自分と同じところや違うところを考えることができるようにする。

（中）園児や４年生の思いを受け止め，自分たちの思いと調和させながら踊りや競技に取り組むことができるようにする。

② 適切に判断する力

（小）自分の立場を意識して自分たちにできることを考えたり，困ったことを話し合い解決案を考えたりすることができるようにする。

（中）全体にとって，どうすればよりよい状況をつくりだすことができるか考え，適切な状況判断ができるようにする。

③ 行動化する力

（幼）みんなで一緒に行動する大切さや喜びを味わうことができるようにする。

（小）園児が楽しんで活動することができるように，自分にできることに進んで取り組み，相手の思いを考えながら行動することができるようにする。

（中）幼小中合同種目を成功させるために自分たちができることを一つずつ行っていくことができるようにする。

■　この活動は こうして進めた！

①　まわりのことを考え

②　適切に判断し

③　行動化できる

実行委員会発足 〜 合同種目の計画を立てよう！

○　ねらいを確認し運動会成功のために実行委員会を立ち上げよう
（８年・４年各１時間）

・異校種の人の思いを想像し，自分たちの立場を考える。

○　合同実行委員会を開こう（課外７回）

・８年生実行委員を中心にダンスの創作や団体競技の内容を考える。

・８年生実行委員が４年生実行委員に４年生のダンスや団体競技の内容を伝える。

・難しいところを話し合いながら修正を加える。

ダンス練習をして自分たちにできる準備をしよう！

○　自分たちのダンス練習をしよう（８年・４年各２時間）

○　自分たちにできる準備をしよう

・８年生実行委員を中心にして園児バージョンのダンスを創り，４年生実行委員に伝える。

・４年生はダンスの衣装や団体競技の準備物を作る。

幼稚園さんと一緒にダンスをしよう！

○　園児バージョンのダンスを練習して伝える準備をしよう（８年・４年各２時間）

・園児が分かりやすいように伝える工夫を考える。

事前に顔合わせをして仲良くなろう！

○　幼稚園に行ってダンスを伝えよう（８年・４年各２時間）

・８年生が年中に，４年生が年長にダンスを伝える。

幼稚園でも毎日ちょっとずつダンスタイム！

幼稚園さんと一緒に団体競技をしよう！

○　小中で合同練習をしよう（１時間）

・準備の仕方・移動位置・競技の進め方などに見通しをもち，課題がある場合には修正を加える。

○　幼小中で合同練習をしよう（３時間）

・準備や競技の仕方について園児に伝え，課題がある場合には修正を加える。

幼小中合同運動会で練習の成果を発揮しよう！

○　運動会で自分の役割を果たすことができたかふりかえろう（８年・４年各１時間）

○　心に残っていることを振り返ろう（幼１時間）

「実践の効果」をあげるための四つのポイント

POINT① リーダーとしての自覚の育成

■ 実行委員会主導の運営がリーダーとしての自覚を生み，責任感を培う！

４年生や園児に対して８年生がリーダー性を発揮することができるように，８年生から実行委員会を組織した。教職員は，実行委員会に対して，ダンスと競技を含めた種目を考えてほしいという大枠だけを提示し，自由度を高くすることで自主性を発揮し，さまざまな案を出し合いながら企画・運営ができるようにした。

合同種目を行うにあたっての仕事は，曲選びからダンスの振り付け，合同練習の計画などと多岐にわたるため，負担が大きくなりすぎないように各学年の役割分担を明確にした。８年生実行委員会は主に全体計画の立案，全体練習の運営を行い，４年生実行委員会にダンスや競技の内容を伝える。４年生実行委員会は，自分たちにできることとして準備物の作成を担当した。また，年中児・年長児に対してはそれぞれ８年生，４年生の生徒・児童がかかわるようにした。

８年生実行委員は，４年生や園児用のダンスを作った後幼稚園の教職員にも見てもらい，アドバイスを受けたり，４年生や園児の思いや発達段階を考慮しながら活動内容に改善を加えたりすることで，全体に対する自分たちの役割を自覚するようになる。

POINT② 小中実行委員会の連携

■　４年・８年の合同実行委員会による小中の連携強化および一体感の促進！

８年生の実行委員と４年生の実行委員で計７回の合同実行委員会を開いた。ダンス講習や準備物の確認，競技の進め方などを伝達することを目的として行った。ダンスの講習を中心に連携を図ったが，「運動会を成功させる」という共通の目的に向かって，お互いに練習を重ねることで，照れや遠慮も解消されていき，実行委員どうしの関係が深まると考えた。

それぞれの実行委員には大きな使命がある。８年生は常に全体を見通しながら，４年生に分かりやすく正確に伝達できるようにしなければならない。また，４年生実行委員は，仲間やペアの年長児に正確に伝えることができなければならない。これらの責任の大きさも，お互いの関係を深めていく必然性になる。練習の中で多くの課題が出てくることが予想されるので，協力しながら解決していく場としても重要である。

実際に４年生実行委員は，休み時間に何度も８年生の教室を訪ね，分からないことや改善したことなどを話していた。８年生は４年生が尋ねてくるたびに丁寧に対応し，実行委員としての自覚を高めることができた。

POINT③　多様性をもったペアの設定

■　多様性をもったペアを組織することでより深いかかわりをもつ！

４年生と年長児は５月に固定したペアを組む。このペアは，その後３年間に渡ってさまざまな交流を行う。ペアを固定することによって，かかわりは深いものとなる。運動会においてもこのペアを生かした種目を設けている。「お兄さんお姉さんと一緒」がそれである。これは，４年生と年長児，そして８年生が加わって行う「ダンス・団体競技」である。

８年生は，現在の４年生が年長児だったときから３年間，ペア学年として交流してきた学年である。８年生が合同種目に加わることによって，４年生は過去のペアとも再会し，再びかかわり合うことになる。

さらに，８年生が一緒にダンスをするのは年中児である。８年生と年中児は，家庭科の授業で交流しているペアである。

このように多様なペアを組織してダンスや団体競技を行うことで，子どもたちはさまざまな場でお互いの成長を感じ合い，さらにかかわりを深めようという意欲をもつことができるのである。

POINT④　教職員の連携

■　教職員の綿密な連携による異校種交流の充実！

子どもたちの運動会での成功のためには，教職員どうしの対話が大きなポイントになる。

今回，６月末に合同種目を行うにあたって４月末から連携を行った。実行委員の選出方法，グループの人数，活動内容，時期などの打ち合わせから生徒指導上のことまで細かく連携を行った。幼稚園・小学校・中学校が同じ敷地内にあるというメリットをいかし，相互に気軽に行き来することができるように心がけた。また，直接職員室を訪ねることが難しいときにも，メールや電話での連絡を頻繁に行った。

それぞれの校種の間には子ども観・教育観の違いがある。やってみて初めてわかることもあると考えられたので，早め早めの提案を心がけ，意見交換を繰り返す中で，一つずつクリアしていった。

長年培われてきた学園内での連携という土壌をベースに，「運動会を成功させる」という共通目標に向かって，活動や連携の中で教職員どうしが対話を重ねることで，お互いの独自性を尊重しながら納得のいく点を模索していった。

この実践における「教育的効果」を考察する！

1．８年生の実行委員が種目内容を立案することで，自分の担当部分に責任を持ち，工夫が見られるようになった。それぞれに積極的に取り組み，放課後も自ら残りダンスの練習及び創作に意欲的に励んでいた。

また，どうすればみんなにわかりやすく伝えることができるかを考え，模造紙やプリントに書いて説明したり，４年生実行委員はみんなからの質問をメモして８年生に聞きにきたりするなど，さまざまな工夫を凝らしていった。

入退場曲を決める際には，実際に園児たちとかかわる中で園児の実態を知り，「この曲だと歩くのではなく踊り出してしまうだろう。」「もっとゆっくりしか進まないだろう。」などと園児の行進速度や状況を想定しながら選曲した。

これらの姿は，自分たちの立場を意識し，それぞれの立場や思いをくみ取りながら「他者を意識して行動」しようとする姿である。

２．８年生・４年生とも園児に対して最初はぎこちない対応であったが，交流の回数を重ねるうちにしだいにうちとけ，上手な対応ができるようになった。「まだおぼえてない所があるから，もっといいかけ声を考えたい。」「かけ声だけぼくが言ってペアさんだけで踊らせてみると，どんどん上達したよ。」「鏡になって（左右反対で）おどってあげたら覚えてくれた。」など，交流後のふり返りでは，友達の悩みに対して次々にアイデアが生み出され，取り入れられていった。８年生・４年生の教え方の工夫の結果，「みいぎ，ひだり（右左）くるくるポン！」と覚えやすいようなかけ声がたくさんつまったダンスができあがっていったのである。

お互いに楽しい雰囲気の中でダンスの練習をしていったので，当初心配していたような園児の負担になることもなく積極的に交流を深めていくことができた。

また，もっと幼小中のふれあい場面を増やすために「一緒にポーズをつくってはどうか」という４年生の提案をもとにダンスを考え直したり，質問や伝達のために実行委員どうしが校舎を行き来したりしながら連携を深めていった。

４年生の中には，合同練習での８年生の動きを見て，自分の動きも変えていったという子どももおり，「共につくりあげる」という一体感は，校種を越えたものになった。

3．１回目・２回目の練習では泣いてばかりいた園児が３回目には泣かなかったり，走り回っていた園児が少し踊ってくれたりと，交流を重ねるたびに少しずつ慣れていき，関係に変化がみられるようになった。「本当は仲よくなれるか心配だったけれど，だんだん笑顔が増えてきて，運動会でも無事にダンスを踊ることができました。本当にうれしかったです。」などと，本番当日は「一緒に踊ってくれた！」と大喜びの生徒が何人もいた。

また，８年生も４年生の誰と組むのか気にしており，当初から「ペアは誰？」と関心を持っていた。「以前のペアの子よ」と答えると安心したような顔をし，運動会後には「ペアの４年生さんに久しぶりに会えて嬉しかった。」と再会と成長した姿に喜びを感じていた。

４年生の振り返りでは，「運動会の練習では○○お姉ちゃんとも会えたし，お姉ちゃんのペアさん（年中児）とも仲よくなれたし，自分のペアさんとも仲よくなれてよかったです。」「小道具を作るのは何日もかかったし，こわれないように作るのは大変だったけど，つけるとみんなが笑顔になってくれたからよかったです。８年生でまたやるのが楽しみです。」という感想があった。４年生にとって，毎日休み時間も放課後も準備をし続ける生活はとても苦しいものだったと思われる。作成過程も決して順調に進んだわけではなかった。たくさんの失敗と挫折を繰り返しながら，それでもあきらめずに最後までやりきることができ，達成感をもつことができた。自分たちの作ったものが園児や８年生に役立ててもらえるという思いがその励みとなり，前に進ませたのである。

交流当初は緊張していた年中児たちも運動会後に届いた８年生からの手紙と写真（家庭科での取り組み）を大事にしており，「わたしのお兄ちゃん，お姉ちゃん」と親しみを持って毎日嬉しそうに眺めている。

４年生と年長児は図工科でおもちゃ作りを行った。全てをしてあげるのではなく，次第にできるところはさせてあげたいというように４年生のかかわり方にも変化が見られるようになっている。

学習後，年長児は４年生に向けてお礼の絵手紙を描いた。クレヨンで大胆に描かれた絵の中には，これまでの交流の思い出がたくさんちりばめられている。運動会のこと，おもちゃ作りのこと，園庭で遊んだこと。年長児が一生懸命に表現した気持ちは，絵手紙を受け取った４年生にしっかり届いている。「なんだか上手！ぼくにはここに描いてあるものの意味が全部分かるよ！」とうれしそうに周囲の友達に説明する姿がたくさん見られた。どの子も家庭で自慢した後は自分の部屋に飾っているという。

異校種間でのかかわりの中で，子どもたちはお互いに成長し変化していき，一つの目標に向かって取り組むことで成就感をもつことができた。短期間では味わえない喜びであり，変化であろう。

（井上　由子，長野　由知，実谷　富美）

かかわり

山の生活パート１・パート２

実践事例②「山の生活」　　（６年・７年）

こうして育てる！
人間関係力

小中のつながりをもたせる行事として，「山の生活パート１」「山の生活パート２」を計画し，教師間の交流を図りながら行事を実施する。それぞれの子どもたちの課題を明らかにし，小学校から中学校への進学に対する不安を和らげたり，中学校生活へのスムーズなスタートを図る。

①「山の生活パート１」
- 仲間のよさを再認識するような活動体験をさせる。
- 小学校最後の行事という位置づけではなく，中学校へ進学してからの「山の生活パート２」につながる行事であるという見通しを持たせる。

②「山の生活パート２」
- 新しい仲間を迎え，「山の生活パート１」の課題を整理して計画を立て，「山の生活パート１」の経験を生かすことができるようにする。
- 仲間と協力したり支え合う活動を通して，責任感を養い，成功体験を実感させる。

■　この活動は こうして進めた！

① まわりのことを考え

② 適切に判断し

③ 実行化できる

第1次　合同行事の単元開発

1：中学校の宿泊学習「山の生活」を題材にして、小中合同行事の単元開発を行う（かかわり部会で原案を創る）
2：小中の職員に原案を提案し、共通理解をはかる（かかわり部員）
3：該当学年で計画を立て実施する（該当学年部）

第2次　山の生活パート1（冬山の生活・6年生）

1：実行委員会を編成してパート1の計画を立てる
2：パート1のねらいを明確にする
・7年生のスタートにむけてみんなで協力してがんばる
・今までの経験をいかして7年生の準備をする
3：冬山の活動を成功させる（スノーアート，歩くスキー，グループ活動）
※中学校の教員が参加し、中学校への期待や見通しを持たせる

第3次　山の生活パート2（夏山の生活・7年生）

1：実行委員会を編成してパート2の計画を立てる
2：パート1のねらいを振り返りながらパート2のねらいを明確にする
・新たな仲間を迎えてパート2を成功させる
・パート1の反省点を整理し，パート2のねらいを設定する
・中学生としての自覚を持てる取り組みを計画する
3：夏山の活動を成功させよる（飯ごう炊飯，グループ登山，キャンプファイアー等）
※小学校の教員が参加して成長を振り返らせるなど

第4次　道徳「山の生活パート1・パート2を振り返ろう」

1：山の生活パート1・パート2の活動から「友達とのかかわり」という視点で振り返る
2：パート1の活動のビデオとパート2の写真をみながら友達との活動を振り返り，楽しかったことやしんどかったことを共有する
3：2回の活動を通して，友達とかかわる力が高まったと感じることを交流し，これらの学校生活について考える
※小中の教員のTTによる指導など

「実践の効果」をあげるための三つのポイント

POINT① 学校間の連携（小中教職員の相互派遣）

■　小中のつながりや，見通しをもたせる行事を開発する。

本校の子どもたちは，幼小中一貫教育であるため，幼稚園から中学校まで固定的な人間関係の中で育っている。また，通学区域が広範囲なため，地域での人間関係が希薄である。さらに高学年になると発達段階からグループ化が進み，友達についても偏った見方をしたり，クラス間での交流がみられなくなったりした。そして中学生になると新たな友達関係でのトラブルも多くなってくる。

そこで中学校進学を契機に，この大きな壁の打開とスムーズな移行をめざし，小中連携を生かした「小中のつながりをもたせる行事」を設定した。これまで６年生の最後に行っていた校内での宿泊合宿と７年生で行っていた「山の生活」とを連動させることにしたのである。そして「山の生活パート１」「山の生活パート２」として位置づけ，小中の教職員が互いに参加することで，小中の一体感の促進を図り，同じ視点で子どもをみつめていくようにした。

これらを通して小学校から中学校への進学に対する不安の削減と円滑な移行を行うようにした。

POINT②　同じ場所での活動

■　同じ場所での活動を実施することで，子どもたちは見通しを持って行動でき，より自主的な活動や深いかかわりをもつことができる。

６年生での「山の生活パート１」と７年生での「山の生活パート２」を同じ場所で行うことにより，子どもたちの活動や心情に安心感や余裕が生まれる。それにより，子どもたちは中学校での「山の生活パート２」の活動計画を立てる際に活動の見通しが持てたり，行動に自信が持てる。また，ゆとりをもった心持ちで活動することで，子どもたちどうしの関心やかかわりを深めることができる。

POINT③　ねらいを明確にする

■　小中のねらいを明確にし，系統的な活動計画を立てる。

「山の生活パート１」は小学校最後の学年行事ではなく,「中学校へのスタート」という位置づけとし，目的や意義を子どもたちに伝えながらの取り組みとした。子どもたちの実行委員を組織し，生活班もクラス間で交流できるよう２クラス混合で編成した。そして，この行事を「チャレンジ山の生活パート１」としたことも，子どもたちの気持ちの中に「パート２」があるということを意識づけるものとなった。

７年生では，中学校からの新入学生数名を迎え，新しい集団づくりを意識させながら「パート１よりステップアップ」を合い言葉に実行委員会を立ち上げ計画を立てた。パート１からステップアップするためにはどのような活動内容にするのか，仲間集団と関わりを深めるにはどうしたらよいか，新しい仲間と共に目標を設定していった。

同じ場所での宿泊合宿ではあるが，それぞれのねらいを明確にうちだすことで新たな認識を持たせることができる。

この実践における「教育的効果」を考察する！

１．パート１では，実行委員を中心に，冬の山で「どんな活動が可能なのか」を調べて，みんなの意見を聞きながら話し合いを続け，スノーアート（雪像づくり）・歩くスキー・グループ活動の三つの活動を考えた。

スノーアートは，仲間とのかかわりを持たせる活動として話し合いの中心に据えた。グループで作りたい雪像を考え，粘土でミニチュアを造りイメージを膨らませた。その中で，日頃話をすることがなかった隣のクラスの人と話す機会もあり，お互いの存在を確認することができたという者もいた。

このように，仲間とかかわりながら一つのものを作り上げる楽しさをパート１で実感している。この気持ちがやはり同じ場所で行われるパート２でも生かされることとなった。

「冬も三瓶へ行ったよ！」「スノーアートをした！」「６年でも実行委員したから，また中学校でもする。」と，山の生活パート１の事を尋ねると７年生の子どもたちは笑顔で答えた。中学校から入ってきた仲間はパート１の様子について知らないが，小学校から連絡入学で入ってきた友達からパート１での活動の様子を聞き，中学校での山の生活パート２の取り組みに対して，大きな安心感と見通しを持つことができていた。

2．７年生でも，山の生活の取り組みは実行委員の立候補から始まった。6年生で，実行委員をしていた生徒が何人か再び意欲的に立候補した。パート１の時以上に，「自分たちで活動するぞ」という思いが伝わってきた。しおりを作成する時も，自分たちが作成したパート１の冊子や，中には6年生の時の実行委員会のノートを大切にとっている生徒もおり，「あの時こうやってやった。」と振り返っていた。そのノートの続きにパート２の内容がメモされていく。このようにパート１での足跡を確認しながら，その上に積み重ねていく活動が実行委員の企画の段階でもできていた。これらの姿からも，「パート１・パート２というつながりのある行事」「パート１は中学校へのスタート」という位置づけができていたことが分かった。

3．パート２では，３日間のうち１日は６年生の時の担任も一緒に活動した。６年の時の担任に中学生としての活躍ぶりを見守ってもらえるという嬉しい気持ちが，子どもたちの表情からも見て取れた。「小学校を卒業して３ヶ月だな。みんなが少し成長し，小学校のパート１の時の経験を生かしながら活動している姿を見たり，一緒に活動することを楽しみにして来ました。」との激励の言葉は，「山の生活パート２」をより頑張ろうという気持ちにさせるものとなった。

余談ではあるが，山の生活でお世話になる三瓶青少年交流の家の方も，この一連の行事の流れを理解された上で指導してくださったこともよかった。冬に手袋を忘れて帰った生徒がいたが，それを大切に保管して下さっており，子どもたちの感激もひとしおであった。

このように，小中の教職員が連携し，お互いの活動に参加することで，子どもたちの実態を直接知り，より効果的な指導を行うことができたといえる。子どもの発達段階に応じてどこまでの力をつけておくか，また，どう伸ばしていくべきかといった目標を明確にできた。

子どもたちは，この「山の生活パート１・パート２」という体験活動を通じて，小学校生活から中学校生活への大きな壁をスムーズに乗り越え，自ら考え，人とより深くかかわる力を身につけつつある。

生徒の感想

（第４次　道徳「山の生活パート１パート２をふり返ろう」）

○今日，山の生活パート１・２の思い出や友達とのかかわりについて，このように協力し合えて生活していけたらいいなと思った。仲間の良い所や直した方がいいことなどを話し合いながら助け合える関係になりたい。大きな行事だけでなく普段でも友達のことを思えるようになりたいと思った。

○中学生になって今まで話したことのなかった人とも話せたし，中学校から仲間になった人とも親しくなれたと思う。今は，一応一日一回クラスの全員と話すのが目標だけど，話す内容ももっと深いものにしたり，行動でも相手のことを考えたり，仲よくできたらいいなあと思う。何でも本音で話せる友達をたくさん作りたいです。

○この授業を通して，山の生活パート１の時のことのねむっていた思い出がよみがえってきてとてもなつかしいと思います。友達との友情が深まったのと信頼関係が深まったと思っています。友達ともより仲よくなれたと思います。

（荒谷　美津子，藤井　志保）

かかわり

小中合同クラブ

実践事例③「小中合同クラブ」　(6年・7～9年)

こうして育てる！
人間関係力

① まわりのことを考える

(小) 中学生が，自分たちのために様々な工夫や努力をしていることに気づく。

(中) 6年生がどのような思いで，合同クラブに参加しているかを考え，自分たちの思いと調和させながら行動する。

② 適切に判断する

(小) 中学生のクラブに対する思いを感じとるとともに，学びのある合同クラブにするために，自分たちにできることを考える。

(中) 6年生にも，自分たちにも共に学びのある合同クラブにするために，計画を立てることができる。

③ 行動化する

(小) 中学生の思いを考えながら行動するとともに，小学校のリーダーとして活動するための企画・運営力を学ぶ。

(中) 6年生も，自分たちも共に学びのある活動内容や方法を考え実行することを通して，企画・運営力を高める。

■　この単元は こうして進めた！

※　中学校はすべて課外活動で行った。

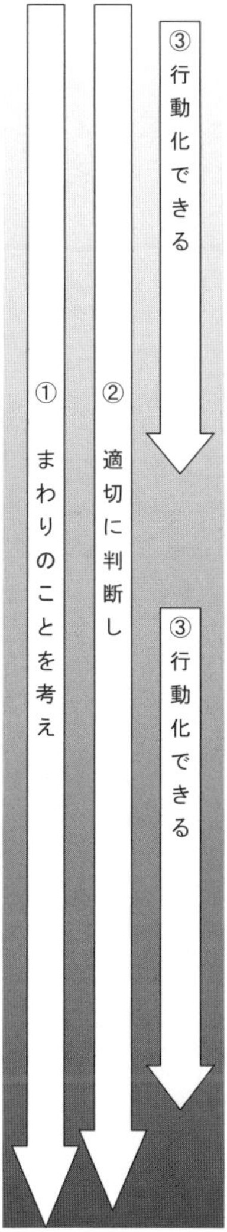

第１回小中合同クラブに向けて

（小学校）

○　自分が参加するクラブを決めよう。（１時間）

・小中合同クラブの意義を確認し，自分なりのねらいをもって参加するクラブを決める。

（中学校）

○　第１回小中合同クラブの実施計画を立てよう。

・部長会議でねらいを確認し，各部毎に９年生の部長を中心に第１回小中合同クラブの実施計画を立てる。

第１回小中合同クラブ実施

○　一緒にクラブを行い，共に学ぼう（３日間，各１時間。計３時間）

・開会行事を行い，全体でねらいを再確認し，３日間の活動に見通しをもつ。

・各部毎に，部長を中心に事前に立てた計画を基に活動を行う。

・閉会行事を行い，全体で成果と課題を確認する。

第１回小中合同クラブふりかえり

○　第１回小中合同クラブをふりかえろう（１時間）

・第１回小中合同クラブをふりかえり，第２回小中合同クラブに向けて見通しをもつ。

第２回合同クラブに向けて

（小学校）

○　自分が参加するクラブを決めよう。（１時間）

・第１回小中合同クラブのふりかえりをもとに，自分なりのねらいをもって参加するクラブを決める。

（中学校）

○　第２回小中合同クラブの実施計画を立てよう。

・第１回小中合同クラブのふりかえりをもとに，部長会議でねらいを確認し，各部毎に８年生の部長を中心に第２回小中合同クラブの実施計画を立てる。

第２回小中合同クラブ実施

○　一緒にクラブを行い，共に学ぼう（３日間，各１時間。計３時間）

・開会行事を行い，全体でねらいを再確認し，３日間の活動に見通しをもつ。

・各部毎に，部長を中心に事前に立てた計画を基に活動を行う。

・閉会行事を行い，全体で成果と課題を確認する。

第２回小中合同クラブふりかえり

○　小中合同クラブをふりかえろう（１時間）

・２回の小中合同クラブをふりかえり，自分たちが学んだことを交流し，今後の生活に生かす。

「実践の効果」をあげるための三つのポイント

POINT① 6年生も中学生も共に学べるように実施時期の工夫

■ 小中合同クラブを二回に分けて行うことで，6年生の選択の幅をひろげるとともに，7，8年生の自覚を促す。

6年生は，1，2回目とも自分の希望するクラブに参加することが出来る。そのため，同じクラブに参加しより深くそのクラブについて学んだり，違うクラブに参加しそれぞれのクラブのよさを学んだりすることもできる。

第1回目の合同クラブを，9年生が主体になって活動している時期に実施することにより，9年生は昨年度までの経験を生かしながら，7・8年生に6年生を迎え入れた場合の活動内容や方法について，手本を示すことが出来る。また，7・8年生は，9年生の姿から6年生と共に活動するにあたり工夫すべき点や配慮すべき点を学び，次回自分たちが主体となって行う第2回目の合同クラブの企画・運営に見通しをもつことができる。

POINT② 6年生を「お客さん」にしない内容・方法の確立

■ 6年生が一つのクラブに3日間連続で参加することで，6年生にはより深く中学生のがんばりを感じさせる。中学生には6年生がより活躍できるように内容・方法を考えさせる。

6年生の参加が1日だけだったり，日毎に違うクラブに参加したりすると，6年生は「見学者」になってしまい，中学生の姿から学ぶことが少なくなる。中学生も6年生を「お客さん」と思い，当たらず障らずの関係になってしまう。6年生一人ひとりが希望したクラブに3日間連続で参加することで，中学生は６年生を，「ただ見ていてね」という状態にすることはできない。いかに自分たちのクラブを知ってもらうのか，いかに有意義な時間を過ごしてもらうのか活動内容や方法を工夫するようになる。６年生は，自分で希望してそのクラブに参加しており，中学生になればこのクラブに所属したいと思っている。３日間クラブに参加することで，「何かしたい。」「深くクラブについて知りたい。」と，より主体的に活動するようになる。また，中学生のクラブ運営方法から学び，小学校での自分たちのクラブ運営に生かすことができるようになる。

POINT③　教職員の連携

■　小学校と中学校教員が子どもたちの姿をもとに連携することにより，子どもたちの不安を取り除き，期待を高めることが出来る。

６年生は，合同クラブを楽しみにしている反面，「中学生は厳しいんじゃないかな。」「自分たちの力でついていけるのかな。」と不安も抱いている。中学生も，「６年生と久しぶりに会えて楽しみだなあ。」と楽しみにしている反面，「どのように接すればいいのだろうか。」と，６年生と同様不安を抱いている。合同クラブを実施するに当たり，６年生の思いを中学校の教員から中学生へ，中学生の思いを小学校の教員から６年生へ伝えるなどして，子どもたちの不安を取り除き，期待をもって合同クラブを迎えることが出来るようにした。

この実践における「教育的効果」を考察する！

1．３日間連続して同じクラブに参加することで，６年生はクラブや中学生の雰囲気に慣れ，安心して自分の思いを中学生に伝えることができた。また，中学生にとっても，６年生一人ひとりをじっくりと知ることが出来，各自に応じた指導を見通しをもちながら行うことが出来た。それは，第１回目の合同クラブにおける９年生の姿から，８年生が企画・運営の方法を学べたからである。その９年生も，昨年先輩たちから学んでいるのでお手本を示すことができたのである。６年生を「お客さん」扱いせず，「共に部活動を創りあげていく仲間」としてどのような活動内容にするのか，中学生は必死に考えていた。その中で，自分がこのクラブを選び入部した頃のことを思い出し，「自分はなぜこのクラブを選んだのだろう」と，初心に返ることができたようである。そして，クラブに対する思いを新たにし，より真摯にクラブに取り組めるようになった。

2．合同クラブ実施後の６年生のアンケートには，「６年生の時と違った先輩たちの真剣さにびっくりしたけど，親切に指導してもらいとても多くのことを学べた。」「昨年まで同じ６年生だったのに，７年生の先輩方はすごく大人のように見えた。」と，中学生の体力・企画力・運営力のすごさに感動しているものが多くあった。同じ敷地内にいるので，常に顔を合わせることがある「お兄さん」や「お姉さん」が，いつのまにかこんなに成長していることにびっくりするとともに，「さすがぼくたち私たちのお兄さん，お姉さんだ」と誇りに思う気持ちも強くなっている。また，「自分も中学生になったら，先輩たちの

ように，立派になるぞ！」という，中学校に向けた希望ももつようになっている。

3．小中合同クラブを計画・実施するにあたり，かかわり学習開発部会を中心に小中の教職員で何度も話し合いをもった。また，合同クラブ実施後にも小中の教職員どうしで成果と課題について話し合った。この話し合いを通じて，小学校教職員は，中学生のクラブに対する強い思いや，日頃の練習などから培われた，先輩と後輩の強固な信頼関係について知ることが出来た。また，小学校を卒業した子どもたちの様子を目の当たりにして，子どもたちの成長を実感することが多かった。「小学校では，なかなか自分の思いをコントロールできず，わがままなことをやっていたあの子が，今ではリーダーシップを取って部全体をまとめることができるようになって，すごく成長したんだなあ。」「おとなしかったあの子が，大きな声を出して，自分の思いをみんなに伝えている。」と，小学校の時とは違う子どもたちの様子について，その背景や要因について小学校と中学校の教員が話し合うことを通して，子どもたちのよりよい成長を図るにはどのように連携していけばいいのか考えることができた。この合同クラブは，６年生と中学生をつなげるのみならず，教員どうしもつなげる役割を果たしている。

（石原　直久）

コラム

附属学校の強みを生かしたカリキュラム・マネジメントへの期待

千葉大学教授　天笠　茂

この6年間，研究開発学校の運営指導委員として広島大学附属三原学園の皆さんと御一緒させていただいた。この間の取り組みを振り返り，同学園が，果たした役割について述べてみたい。

第1に，義務教育改革への問題提起を行っていることである。附属三原学園が，ユニバーサルシティズンシップの育成を掲げ，幼小中学校の一貫教育に関するカリキュラム開発をテーマに研究開発学校に手をあげたのは，2003年（平成15年）4月であった。それは，平成10年版学習指導要領が全面実施（2002（平成14）年）となって1年が経過した年であり，以来，6年間にわたって研究開発を積み重ねてきた。その意味で，同校の取り組みは，平成10年版学習指導要領から新しい学習指導要領への引渡しを果たしつつ，これからの義務教育について一石を投じる役割を果たした。

この間，ＰＩＳＡ型読解力が関心を集めるなど学力低下が論議されるなか，義務教育費国庫負担制度の改変（2005（平成17）年）にともない義務教育の在り方が中央教育審議会を中心に審議されたり，なによりも教育基本法（2006（平成18）年）が，また，それにともない学校教育法（2007（平成19）年）などが改正され，教育理念の見直しや義務教育の目標が新設され，さらに，2008年（平成20年）3月には，次の新しい学習指導要領が公にされた。振り返ってみれば，この6年間，初等中等教育における教育改革の流れは，学力低下を軸に義務教育の在り方を模索するなかで新しい学習指導要領を生み出すに至った。

このように“9年間の普通教育”の在り方が見直されようとする，まさに戦後の教育の歴史的転換が進行するなかで，附属三原学園は12年間を視野に収めたカリキュラムの開発を積み重ねてきたわけで，その一つ一つの試みが，義務教育改革への提起につながっていったといってよい。

第2に，6・6カリキュラムの開発を進めたことである。同学園は，幼稚園3年間を加えて幼・小・中学校一貫と12年間のカリキュラムを開発する。すなわち，小学校第3学年と第4学年との間にカリキュラム上の区分を設けて，幼稚園3年と小学校低学年の前期6年間と，小学校高学年と中学校3年の後期6年間に分けてカリキュラム開発を進めた。

すでに4・3・2カリキュラムとか，4・5カリキュラムなどのように，小学校と中学校の9年間を一貫させたカリキュラム開発が進みつつある。同学園の取り組みは，これに幼稚園を加えることによって，さらなる可能性があること示したといえよう。ただ，この6・6制カリキュラムは，学年のまとまりが，現在の6・3の学校制度と重なり合うため，幼稚園と小学校，小学校と中学校など学校間の接続について大胆な試みが後退し，現行のシステムの枠のなかに飲み込まれてしまう心配もある。この点をふまえ，6・6カリキュラムのもとでの学校園間の接続や連携がどうであったか，同学園の取り組みの吟味が改めて求められていることを指摘しておきたい。

第3に，附属学校の強みがどこにあるかを改めて明らかにしたことである。それは，小中学校9年間を通して各教科等の指導計画を開発したことであり，ここに附属学校なるがゆえの強みが発揮されていると見ることができる。

附属学校をめぐる教職員の人事も様変わりした。公立学校と同じように教職員が短い期間のなかで動くようになり，各教科等それぞれに力量あるスタッフを擁しておくことが難しくなりつつある。とはいうものの，それぞれの教科等について公立校に提起できる指導計画の提示は，附属学校の存在にかかわるといってもよく，同学園の取り組みは，その役割を十分に果たしたといえよう。

その上で，ポスト研究開発への期待として，各教科等の指導計画を束ねるカリキュラムのマネジメントの開発，まさに，附属の強みを生かしたカリキュラム・マネジメントの開発をあげておきたい。

第6章　三原学園からのメッセージ

Ⅰ．幼小中一貫教育の11年

1．一貫教育をスタートさせるにあたって

私たちの小学校には「さわやか班」という班があります。1年から6年まで各学級から1人ずつ参加した縦割り班で，遠足などの行事と，日々の掃除をこの班単位で行っています。6年生のリーダーが班全体を指導し，5年生が幼い1年生を指導しながらともに掃除をします。ある日のこと，その掃除が終わり，反省会の場で5年生の桃子さんがこう発言しました。

「私たち5年生2人は，明日からキャンプへ行きます。その間，掃除も，1年生さんのお世話も出来ません。それで，6年生さんは全体指導で忙しいと思いますので，4年生さんに1年生さんの指導をお願いします。4年生さんは幼稚園さんの指導をしたことがあるので，1年生さんの指導はできると思います。どうかよろしくお願いします。」

突然の指名に4年生は面食らった様子でしたが，「はい，分かりました。」と答えていました。私はそれを見ていて「えっ，何なんだ！」と驚きました。実は私は，長年本学園の中学校に勤務し，その後小学校の副校長に就任しました。幼小中一貫教育を進める中で他校種の子どもたちの様子も分かっているつもりでしたが，こうして「育っている」5年生の生の姿に接したことは衝撃的でした。そして，この桃子さんの言葉に深い感動を覚えました。兄弟関係を，いいえ，親子関係を思わせるような責任感の持ちようです。4年生と年長，5年生と1年生，6年生と2年生。3年間同じ子どもどうしがペアを作り日々かかわっている，これがその成果なのだと実感しました。

付け加えれば，桃子さんの班だけではなく多くの班で，実に7割以上の5年生が同じように「4年生さん，1年生を頼むね。」とお願いをしたそうです。このような姿を目の当たりにするにつけ，幼小中一貫教育を推進してきて本当に良かったなあと思うのです。

さて，この幼小中一貫教育を研究的に推進し始めてから，今年で11年目になります。この11年間は，文部科学省の研究開発指定校となる前の5年間と，指定校として歩んできた6年間の大きく二つに分かれます。この「前期」と「後期」で，私たちがそれぞれ何を求めて幼小中一貫教育を進めていたのかを振り返りたいと思います。

①　幼小中一貫教育推進の前期（平成10年度～平成14年度）

11年前，幼小中一貫教育を研究的に推進し始めようとした背景が，二つありました。一つは，当時本学園の小・中学校が落ち着いていない状態であったこと。もう一つは，11もある広島大学の附属学校園の中で，本学園の存在意義そのものが問われていたということでした。

私たち教師は学校・園を良い状態にしようと心に決め，同時に学園の存続をかけて幼小中一貫教育を推進しようということを決定しました。1年余りをかけて骨子を議論し，研究推進の面を中心にして全員一致して取り組むことにしたのです。当時，幼小中といった規模で一貫教育を実践している学校園は他になく，それを進める道筋や方法は全くの手探り状態でしたが，研究推進部の努力と目新しさも手伝って，滑り出しは順調だったと思います。

特に，子どもたちが様々な形でかかわり合っている様子は，私たちにとって大きな励みでした。少し教師を手こずらせている中学生が，園児に対してはしゃがみ込んで同じ目線で語りかけている様子には感心しました。また，中学生が小学生の悩みを解決するためにアドバイスをするという中3と小4の合同道徳の授業では，中学生たちは多くの4年生が「人間関係で悩んでいる」ということを知り，自分たちと同じことで小学生も悩んでいることにびっくりしていました。このようにして日々かかわり合う彼らの新鮮な姿は，励みであるとともに勉強になることでもありました。

しかし，1年目はある意味，自分たちが考えた独りよがりの一貫教育であったと思います。第1章でも紹介している「表現」「集団」「環境」の3

部会を立ち上げての研究でしたが，それに力を入れるあまり，それまで連綿と続けていた各教科での研究が停滞しました。そのため，教科レベルでそれまでお世話になってきていた大学関係，教育委員会，他校の教師等との連携がなくなってしまったのです。それは決して良いことではありません。私たちは大きな方向転換をしなくてはなりませんでした。

そこで２年目からは，研究テーマ「かかわりを深める」を基底に据えた幼小中一貫教育カリキュラムを作成することにし，連携も回復させました。このカリキュラム作りに３年間を要しました。紙面上でのカリキュラム作りと併せて新しい“かかわりかた”に取り組んだり，その効果を検証していったりした３年間でした。しかし内容の検討とその検証だけでは，徐々に閉塞感が生じてきたのです。同時に，「やはり幼小中一貫教育はなかなか難しい」と感じざるを得ない「壁」も見えてきました。

幼･小･中という発育発達の違う三つの校種には，それぞれ長年にわたって培われた文化や運営方法があります。それらの違いは，一朝一夕には越えられるものではありません。歩み寄ることが大事だと分かってはいても，変革に伴う負担と不安から，先行きを「負の面」からしか見られない状態になってしまいがちでした。例えば，会議の持ち方や会議の回数，学校行事の持ち方，人間関係等の対応が上手くいかなければ，各校種の独自性を持ち出し，以前のやり方の有効性のみにこだわってしまうようなことがあったのです。このように教師の間からも「幼・小・中独自での研究に戻った方がいいのではないか」といった一貫教育に対する批判の声が出始めました。

その背景には，それぞれの校種が大切にしたり，重要視したりしている内容が違っているということがあったのだと思います。例えば，幼稚園で行っている自由遊び，小学校の学級担任制と学力観や放課後の過ごし方，中学校の部活動，生徒指導，進路指導など，他の校種から見るとなかなか理解が出来ないものが多々あったのです。

もちろんこの「壁」は，11 年間の中で教師たちの意識が変わるに従って徐々に解消されてはいきましたが，一貫教育を進める上で常に戦っていかねばならない「壁」であったと認識しています。

さらに当時，外から本学園を客観的に見ていて下さる学園ＯＢからも，次のような厳しいご指摘を受けました。

「旧態依然として，指導案を書き，それを授業実践するだけの研究会には誰も参加しないよ。そこに新しさ，開発していくものがないといけない。これからの教育の求めるもの等に答えるものでないと附属の研究にならない。」

この「前期」で修正しながら作り上げた「かかわりを深める幼小中一貫のカリキュラム」は大変貴重なものであり，このあと後期のカリキュラム開発で大いに役立つことになりました。とはいえ，この頃は外から，内から，ともに行き詰まっていっている状態でした。

どうしても，軌道修正が必要だったのです。

②　幼小中一貫教育推進の後期（平成 15 年度～平成 20 年度）

こうした行き詰まりを感じていた当時，本学園の校園長であった小原友行先生に相談をすると，「本学園でやろうとしている幼小中一貫教育をもっと開発して，文部科学省の研究開発学校の指定を受けられるように挑戦しよう」と大変前向きなアドバイスをいただきました。新しいことへの挑戦が，閉塞感を打破する力となることを教えていただいたのです。その後は，小原校園長のリーダーシップの下，文科省へ提出する開発実施計画書の作成を急ピッチで進めました。限られた時間の中での作業でしたが，本学園の将来をかけての新しい挑戦が始まったのです。

研究開発学校への挑戦を模索するその間も，小原校園長は三原の子どもや教師の実態を推し量りつつ，「20 年，30 年先の社会や教育を見据えたカリキュラムの作成を志すことが大切だ」と，研究開発に対する心構えを私たちにご指導下さいました。しかし，そんな校園長の努力にもかかわらず，今一歩踏み出せない，もしくは前に進むことを躊躇する教師がまだまだいたというのが現実でした。幼稚園・小学校・中学校には，それぞれ「お家事情」があるという事実とともに，組織の違い，抱える子どもの発育発達の違いなど，ここまでやってきてもなお埋めがたい校種間の「壁」がまたしても浮き彫りにされました。

そこで私たちは再度，幼小中一貫教育の必要性を確認することにしました。

第１番目に，学校を落ち着かせるためには，どうしても幼小中一貫教育が必要であると確認しました。この頃，一貫教育の後期に至ってもなお，中学校のやや落ち着かない状態は続いていました。落ち着きのなさや荒れがどうしても収まらないとき，中学校は小学校に，小学校は幼稚園に責任を転嫁したくなってきます。結果として大変気まずい雰囲気になってきます。幼・小・中が相互にかかわり合うことによって，少しずつ良い学校になっていることは，前期の取り組みで明らかでした。ここでもう一度，改めて学園全体が持つ前向きな土壌を再確認し，かかわり合いを重視した三原学園ならではの一貫教育の必要性を教師全員が共有することが不可欠でした。

第２番目に，数ある附属学校園の中で三原学園の存在感を示すためには，一貫教育校という特徴をアピールする必要があるということです。三原幼・小・中学校園には，もともと一貫教育を行う素地はある程度整っていました。例えば，幼稚園の園長と小・中学校の校長は同一人ですし，学校行事である運動会は，ずいぶん以前から幼・小・中が同一日に同一会場で行っていました。このように素地はあるのに活用していなかった幼小中一貫教育をあらゆる面で組織化・体系化することで，一層特色ある学校・園にしていく必要性がありました。

第３番目に，一貫教育を進めることが，人的にも資金的にも余裕のある学校運営につながるということです。小さい組織でも，教育内容や日々の行事は同じように行わなければならないし，運営資金も同じようにかかっていくものです。三つの組織を合体することで，無理なく余裕を持って行事の運営や組織の運営，資金の運営が有効に出来るのではないかと考えたわけです。

このようなことを幼・小・中で再度確認していきました。この時点で多くの職員が，幼小中一貫教育とユニバーサル・シティズンシップの育成を掲げて研究開発学校指定をめざし挑戦することを，ほぼ認め合うに至りました。こうしてついに，小原校園長と当時の研究推進部の努力で私たちの思いが叶い，本学園は３年間の研究開発学校に指定されたのでした。その後さらに３年間の延長指定を受けることもでき，今日に至ったわけです。

研究開発学校に決定したことは，私たちにとっては大変大きなことでした。その役割と責任を多くの教師が感じていました。また，運営指導委員会のメンバーである先生方から研究の現状分析をしていただいたり，先を見通していただいたりすることで，進むべき方向も徐々に見えるようになってきました。

しかし，新体制になったとはいえ，やはり前述したような「壁」は依然として残っていました。３校種が分かれていた頃の元の状態に引き戻そうとする「負のエネルギー」は，実際相当なものでした。管理職を含め，幼小中一貫教育を進めていこうと決意した教師たちも，時にはぐらつきそうになったことも何度かありました。その都度，一貫教育を始めようとした意義を再確認し，話し合い，決意するといった行程を進んできました。

研究開発学校としての一貫教育が，どのようにしたらスムーズに進むのか。当然，様々な条件整備や組織の改革が必要でした。これらを真剣に考え一つひとつ実行していったことが，結果的に教師集団の意識を変えていったのだと考えています。

まず一つ目に，研究推進の方法をプロジェクト型に変更したことが挙げられます。以前は，研究推進部が，企画・運営・実施について全て責任を持つとともにリードするという方法をとっていました。しかし，後期からはプロジェクトを中心にした組織に変えて，トップダウン方式からボトムアップ方式に切り替えたのです。さらに，大学との共同研究とプロジェクトをタイアップさせました。大学の先生の指導を受けながらそれぞれのプロジェクトが企画し，実践し，評価し，改善していくという方法をとったのです。この方式によりそれぞれのプロジェクトは，自分たちのペースで進めていくことが可能になりました。最初は多くの教師たちが戸惑っていましたが，次第に自分たちのペースを掴み，意欲が前面に出るようになってきました。もちろんこの方法にも弱点はあります。全体のとりまとめが難しいということと，プロジェクト間の交流がやや難しいということです。そこで，校園長・副校園長・研究主任・各プロジェクトのキャップが出席する「研究開発委員会」でプロジェクト間の交流を行うとともに，会議がある毎に議事録を全教師へ向けて発行するようにしました。

二つ目には，幼・小・中の校務分掌を一本化して作成したことが画期的でした。それまでは，それぞれの校・園で各校・園に合う分掌を作り運営していたものを，幼・小・中全体でバランスをとりながら分掌を作ることにしました。こうすることで，教師たちは一層幼小中一貫教育を意識するようになっていきました。教師が三つの職員室や特別教室を自由に使い，違う職種の教師と話をしている場面に全く違和感がなくなってきたのです。併せて子どもたちも，それぞれの校舎を自由に使い出入りしている光景をさりげなく受け入れるようになってきました。

三つ目には，ともかくも「話し合う」という姿勢を大切にしようとしたことが挙げられます。不安に対する改善策を常に考え，何が起ころうと常に前向きに志向していくことで組織の活性化につながるよう，小さなことも互いに話し合うようにしました。特に，幼稚園の副園長，小・中の副校長の３人が，話し合いによって一枚岩になる努力をしました。対外的なことも内部に関することも悩みを出し合い，解決方法を探っていったのです。

そのために，毎日３人の副校園長会議（三副会議）を行いました。限られた時間しか使えない場合もありますが，今でも出来るだけ会議を開いています。

四つ目に，ネットワーク通信を積極的に活用するようにしました。組織が大きくなると何かと連絡がとりにくくなります。全体会議や各プロジェクトの会議にしてもなかなか集まることが難しい状況がよく出てきます。幸いなことに大学からの協力もあり，全教師にパソコンが貸与されたことを生かして，グループウェアを導入しました。このウェア上で施設の貸し出し，会議の日程，事前の会議内容の提示などが行われ，情報の受信・発信を全員が同時にすばやく共有できるようになり，個々の負担がかなり軽減されました。大容量の共有サーバーの運用やメーリングリストの活用も積極的に行われ，会議の時間も短縮されました。

五つ目に，学校運営資金を幼・小・中・事務で一つにしました。財布を一つにすることによって，校種を超えた物品の貸し借りに負担がなくなりました。小学校の何々，中学校の何々，という概念はなくなり，物品は全て「学園全体の」ものになったからです。

六つ目に，小学校と中学校の学年の呼び方を変えました。小学校から中学校まで通年で，中１を７年，中２を８年，中３を９年と呼ぶことにしました。本学園での最高学年は「９年生」となったのです。学園内の子ども・教師・保護者に対しては一貫教育を日常活動でも意識化していけるように，対外の団体等に対しては幼小中一貫校として意識してもらえるように，この呼び方の変更は有効でした。

これらの組織改革や条件整備は，一貫教育を推進していく大きな力となりました。しかし，もっと大切なのは，教師一人ひとりが「この教育を推進していこう」と強く思い，そのモチベーションを維持することです。それこそが一貫教育推進の原動力です。

では，その原動力を築いたものは，いったい何だったのでしょうか。

2．幼小中一貫教育を推進していく原動力になったもの

それは，「私たちの学校園は変わりつつある」ということを教師たちが肌で感じることができた，その事実であったと思います。新しいことに挑戦することで変わる自分の姿。長年積み上げてきた一貫教育の取り組みによって変わってきた子どもたちの姿。それらを日常的に感じ，自分たちがやっている教育に自信と誇りを持てたことが大きかったのです。

断片的にはなりますが，具体的な取り組みや子どもの姿で紹介します。

教師たちの意識を大きく変えるきっかけの一つに，マルチメディア学習開発部会の存在がありました。

国際的コミュニケーション能力を育成するにあたり，その能力の内容から考えて，最初の3年間はマルチメディア学習開発部会と国際交流学習開発部会の二つのプロジェクトが能力育成に貢献すべくそれぞれの内容に応じて実践研究をしていました。マルチメディア学習開発部会の研究内容には中学校の教師が大変興味を示し，幼・小の部員達も意欲的で，後期の新体制の中でも幼・小・中の一体感が大変強いプロジェクトであったように思います。

研究開発学校としての1年目，このマルチメディア学習開発部会が中心となって某テレビ局のディレクター等4人の講師を呼び，実際に一つのドラマを作るという研修を行いました。幼・小・中の教師全員が校種を越えて班を構成し，ともに学習しながら一つの作品を作り上げるという機会を得たのです。3日間に及ぶこの研修で，講師のユーモア溢れる指導のもと本学園教師たちの知識や技術が格段に進歩したことはもちろん，相互の人間関係が緊密になっていったことは大変に意義深いことでした。その後，2年間にわたって同様の研修を企画･運営していってくれたマルチメディア学習開発部会は，研究内容の面でも校種の壁を取り払う新しさの面でも，後期の研究開発における牽引役でした。

また，一方の国際交流学習開発部会も，試行錯誤しながら実践を積み重ねていました。最初はまず外国の人に慣れ，日本文化をどう伝えるかというと

ころから始め，やがて意図的に外国の人との交流を仕組み，相互の文化を交流する方法を考え始めました。さらに，学校行事と外国の方との交流を組み合わせることで，行事の参加意欲を高めるとともに，会話したり，文化の交流を図ったりするなど「場」に慣れる実践力を身につけるようにしていきました。

月日を追って実践が進化すればするほど，指導する立場の教師たちはよりよい実践を求めて自らを高め，研究を深め，どんどん国際交流学習の面白さに気づいていきます。自らの変革を自覚する教師も増えてきました。

国際交流学習の代表的なものには，第2章にも紹介してある8年生の半日ホームステイや，同じく，6年生が京都の金閣・奈良の東大寺で外国の方に対して英語で「突撃インタビュー」を行う学習などがあります。どちらとも子どもは，緊張している中にも，気力をみなぎらせている様子がうかがえます。ショートステイやインタビューを終えた子どもたちを見ていると，単にコミュニケーション力をつけただけでなく，これから世界を切り開いていったり，乗り越えたりしていける逞しさを感じるのです。

また，逞しさばかりではなく優しさやあたたかさを身につけながら，生き生きと，そして安心して生活している子どもたちの姿が，私たち教師にとっ

ていったいどれだけ励みになったでしょうか。

幼小連携，小中連携，異校種交流，異学年交流。一貫教育の中で生まれてきた様々な取り組みが，子どもたちの幸福な日常に生きている，その実感は何にも代え難い教育推進の原動力です。第５章にも紹介してある４年生と年長児が様々な活動を通して１年間かかわっていく取り組みや，前述の「さわやか班」はその典型といえるでしょう。

４年生と年長児とのペア活動でいえば，挨拶・返事・集合の仕方・片付けかた・先生や仲間への対応の仕方等のルールを，良い意味でも，そうでない場合でも年長児は４年生とのふれあいの中で学習します。そして，園児は４年生をまさに「お兄ちゃん，お姉ちゃん」として信頼し，付き合っていくようになります。同時に４年生は，年長児を弟や妹として見つめる温かい瞳を得ていきます。

「さわやか班」を活用した遠足でも，子どもたちの素晴らしい姿を見ることが出来ます。班全体の指導はもちろん６年生ですが，５年生がしっかり１年生にくっついて世話をしている姿がどの班でも見られます。５年生は，歩くときは必ず車道側を歩き，１年生にしっかり声かけをしています。１年生が疲れてくると，荷物を持ってあげたり，背負ったりしている姿もあります。どこに行くのにも必ず付き添い，１年生に安心と安全を保障しています。その姿を見ると，お兄さん・お姉さん以上，お父さん・お母さんの域に達しているではないかとさえ思います。

これらの取り組みの成果でしょうか，本学園には，下級生に対する上級生のいじめやトラブルはほとんどありません。１年生のときにこんなにも大切にされたという経験が，自分も大きくなったら小さい子の面倒を見ようという心につながっているのでしょう。５年生や６年生はかなり苦労しているはずですが，学級会で話し合いを持ったり友達と日々悩みを相談し合ったりしながら，葛藤を乗り越えて成長しています。このような心の栄養を持っている本学園の子どもは，大きくなっても決して幼児虐待はしないし，人を傷つけたりはしないと思っています。人に大切に育てられた子は，人を大切にすることをめざします。受ける愛を，人に与えてこそ学べるものがたくさんあります。幼小中一貫教育は，このように人へのかかわりかたを日々学習し，成長していける教育の場なのです。

幼小中一貫教育で子どもが変わる。そして，教師が変わる。

この実感こそが，一貫教育推進の原動力となっていったのです。

３．幼小中一貫教育をさらに充実させるには

学校をよくしよう，学校を残したい。そう願い，全教職員で心を合わせて幼小中一貫教育に取り組んできました。子どもたちが目に見えて落ち着いてきましたし，カリキュラム研究開発指定校として一定の成果を挙げ得たと自負しています。

まず何より第１に，子どもたちが良くなっています。教師として，これは肌で感じることです。例としてあげれば，学校が壊れない，汚れない，子どもがよく挨拶をする，よく掃除をするなどの嬉しい日常の姿があります。第２に，前述しましたが上級生と下級生との間で，いじめ等のトラブルがほとんどありません。同級生どうしでは，切磋琢磨の段階で多少のトラブルは生じていますが，人間として生きる場での学習としてとらえています。第３に，教師間での不平がありません。以前は，自分たちの教育が上手くいかなくなったとき，違う校種の指導が悪いからだと，ともすれば相互に責任をなすりつけるような言葉が聞かれたものです。それがやがて，「幼稚園のこんな指導のお陰で」とか「小学校でこんな指導をしていたのが中学校ではこう役立っているよ」という声をよく耳にするようになりました。

しかし，学校全体で見れば，幼小中一貫教育実践校といえるにはまだ多くの課題が残っています。例えば，事務的な部分でいえば出席簿・個人調査票等はかなり統一していますが他は不十分です。また，組織的な部分でいえば，進路指導体制・生徒（児童）指導体制は，校務分掌上では統一されています

が，かかわり方・指導方針は十分に整っているとはいえません。

私たちの幼小中一貫教育は，完成されたものとはいえません。まだまだ開発途上にあるという認識を持ち，本当に「一つの学校」になるまで挑戦を続けることが大切だと思っています。

（金丸　純二）

Ⅱ．幼小中一貫教育の今

幼小中一貫教育を行う中で，様々なことが一貫として組織立てられてきました。90余年に及ぶ歴史の中から作られてきたそれまでの組織を土台にしながら，さらに，幼小中一貫に向けての組織の見直しがされてきました。それは，教員どうしのソフト面，ハード面からPTA組織，PTA活動にまで及びます。それらの“今”を次に述べます。

1．校園務分掌

幼小中の教員が共同研究をするには，研究を共に進める人間関係が大事になってきます。研究を進めるなかで培われていく人間関係もありますが，そのことにのみ頼らず幅広く関係がもてるような改善も必要と考えました。

その一つは，“校園務分掌の統一”です。幼小中・事務の職員が一つになった校園務分掌を作成しています。どの担当にも幼小中の職員が所属していることによって，打ち合わせや運営など常に三つの組織が一体となって動いています。全体を意識しながら，それぞれの所属の職員が運営に携わる事が出来るようになっているのです。校園務分掌の仕事を通して互いに交流することから，それぞれがそれぞれの所属の様子や幼児・児童・生徒の実態，教員や職員の具体的な教育的考えや配慮などを知り理解する事ができます。統一された校園務分掌が今ではすっかり定着し，分掌ごとに必要な会議は場所を問わず校園内いずれかでその必要性に応じて会議が開かれています。

また，年度始めや学期末など適宜必要と思われるときに“全体職員会”を開いています。校園長の話，連絡事項，検討，事務連絡などを通しながら，常に一体となった職員間を感じつつ校園務に携わる雰囲気が出来上がっています。

このような日頃からのかかわりが，今では所属を超えた職員が互いをよく理解し合い，受け入れあうことの出来る対等互恵な関係をつくるベースになっています。

2. 施設の共同利用

校園内には，幼小中がそれぞれ管理している施設と共有施設があります。教員はもちろん子どもたちもこれらの施設を有効に活用しています。使用目的に応じて，その部屋の目的や広さを考慮しながら選択することができます。施設を互いに気楽に貸し合うことにより，校種を超えて利用することができるので，通常の何倍も有効に施設利用が可能となっています。

例えば，幼稚園が毎月行う誕生会では，保護者に子どもたち全員の昼食のご馳走を作っていただいています。戦後間もない時期から続いている行事ですが，当時から比べれば園児や食事作りの保護者の人数も増えました。そこで，幼稚園の給食室の狭さを解消する意味でも今では小学校の調理室も利用しています。必要であれば中学校の調理室も利用できます。また，園児の帰った遊戯室で中学生が文化祭の舞台発表などの練習をすることもあります。中学生が広い場所を利用したいと考えたとき，それなりの広さをもつ建物は小学校の体育館・中学校の体育館・幼稚園の遊戯室の３ヶ所があります。遊戯室は普通教室よりは随分広く，かといって体育館ほどは広くありません。ほどよいサイズの“広い広場”として校種を超えて利用されているわけです。

職員の研修や会議も同様です。開催したい内容やその参加人数によって，部屋の広さや使用状況を考慮しながら校園内にある部屋の選択がされています。時には，共有の建物である教生宿舎なども有効に利用しています。実情に応じながら校園内の施設を十分に利用しているのです。

また，校園内の施設は，互いにグリーンロードで結ばれています。どの施設にも上靴で移動できるようにと，移動ルートをグリーンのペンキで塗ったことからこの名が付けられたようです。幼稚園と小学校の子どもたちが交流するなど異校種間での移動や共通の建物への移動が，今は外靴に履き替えることなく上靴のみで移動できるのです。さらに面白いことに，このグリーンロードは移動ルートという目的を達成しているだけではないようです。曲がりくねってやや狭いこのグリーンロードは，移動中の園児・児童・生徒と出会う場でもあります。すれ違いざまに，大きくなっていく子どもたちとほんの一言二言コミュニケーションがとれ，職員が校園全体で子どもたちの成長を見守ることの大切さを感じる場にもなっています。グリーンロードが生み出した素敵な副産物とでもいえましょう。

３．教育実習

年間を通してたくさんの学生が教育実習にやってきます。その教育実習では，幼小中一貫教育をしていることを生かし実習生に学びの場を提供しています。小学校実習にやってきた実習生が幼稚園や中学校の子どもたちの実態やその教育内容が学べるよう，幼稚園・中学校の教員による講話を行っています。わずかな時間ですが，実際の現場の先生から生の話を聞くことは，実習生にとって大変貴重な学びとなっています。ましてや，その話の対象となる子どもたちがごく自然に同じ敷地内で生活をしているのですから，一層身近に感じることとなっています。また，学びを深めるという意味で幼稚園の保育や中学校の授業，教育実習を参観することもできるよう配慮しています。一貫教育を行っているメリットを教育実習のカリキュラムのなかにも生かしているのです。

４．危機管理

それぞれの校種で年間を通し，いろいろ想定される非常時に応じた避難訓練を行っています。主な避難訓練として火災・地震の避難訓練をしていましたが，最近欠かせなくなった訓練が不審者侵入の訓練です。これは，校園内全員の職員が参加して行っています。不審者が幼稚園にあるいは小学校に侵入したと想定して，他の所属の職員はいかに応援体制をつくるかを実際さながらに訓練します。情報を校園内の職員に速やかに発信し，他の所属の職員が駆けつけてどのように対応するか，幼小中の養護教諭が怪我人の手当てをするために現場にどのように駆けつけるか，不審者にどう対応するかなどの訓練をしています。この訓練には警察署の方の協力も得ますが，PTA 会長など執行部役員や幼稚園年少児から９年生までの保護者役員の方の協力も得ています。

また，非常時の連絡として保護者の携帯電話にメール発信ができるようにしています。緊急連絡や不審者情報を伝達するためのメールで，日常的にも活用しています。情報は各所属から情報を必要としている対象者を絞って発信することもできますが，不審者情報などは代表する所属から幼小中全員の保護者およそ 880 人分を同時送信しています。今までの連絡網を廃止するとともに速やかな連絡体制へと変わりました。

さらに，安全への校園内の整備として幼稚園・小学校では，ワイヤレス型緊急通報装置を活用しています。教員が常に携帯している情報発信機からボタン一つで緊急事態の発信ができるようになっており，県警へ直接繋がるようになっています。万が一この事態に陥った場合は，その旨の連絡が警察・校園長・幼小中の職員室・事務室・広島大学附属学校支援グループへと順次伝わるようになっています。校園内の出来事に対して情報が自動的に流れ，互いに緊急事態を把握して適宜対応できるようになっています。現在では更に，非常時が生じた場合の保護者の動きへの対応などについて検討が進められています。

５．学園開放日（保護者参観）

保護者参観日や運動会・ふれあい行事などの幼小中一体となった行事は，出来るだけ同じ日に開催出来るよう日程調節を行って実施しています。特に毎月 15 日に設けている“学園開放日”は，この学校園に通う子どもたちの保護者に 8：30 ～ 12：00 まで校園内を開放しています。この日は，我が子がいるクラスだけでなく，校園内どこのクラスでも参観することができます。小学校入学が間近になった年長児の保護者が，小学校の授業を参観に行く姿を見かけることもあります。保護者の入学への不安を自らの感触で払拭するための助けにもなっています。また，時には中学校の保護者が幼稚園を尋ねてクラスを覗き込むこともあります。旧担任に声をかけていく姿は，幼稚園時代を懐かしむとともに我が子の成長を再確認しているようです。居ながらにして先の学年を見，またかつての学年を振り返り，保護者自身が先の見通しや過去の振り返りにより安堵感を得る事が出来るのです。我が子の成長を確かめ子育ての実感を得る事ができる“学園開放日”は一貫教育の良さを生かしたものとなっています。

6．PTA組織

PTA活動は，かなり以前から幼小中一体となって活動をしてきています。もともとPTA組織そのものは一体化されたものとなっていました。職員の代表として校園長が一人であるのと同様に，幼小中を代表するPTA会長も一人です。副会長は幼小中にそれぞれ一人ずついます。そして各種委員会と称して，実行委員会，教育研究委員会，広報委員会，福利委員会がPTA全体の様々な行事を動かしています。さらに，顧問・会計・監査・予算・母親代表・特別委員などが組織の運営上の大事な位置を占めています。全てのPTA活動は，幼稚園から中学校までのクラス代表の役員が校種を越えて共に活動をしています。各種委員会は，年少児の保護者から9年生の保護者まで23クラス分のクラス役員で組織されています。様々なPTA活動は，こうした一貫となった組織が支えとなって行われています。

7．具体的なPTA活動の例

○各クラスの代表からなる委員会（実行委員会）

実行委員会は，各クラスのクラス役員の代表1名が集まる会です。幼稚園から中学校までの23クラス分23人が代表として集まります。月一度，PTA会長，幼小中の副会長，各種委員会委員長，実行委員，母親代表などが集まって実行委員会を開いています。ここでは，PTA活動の様々な事が集約され協議決定されます。ここで決定された事が各クラスの他の役員や保護者に伝達され，校園内のこととして確認されたり活動として実施されたりしていきます。協議内容の結果は，報告書として毎回保護者全員にプリントが出されています。

○環境整備作業・ふれあいイベント（教育研究委員会）

環境整備作業は，5月に“親子のふれあい”の意味も込めて小中の子どもたちと保護者全員で行っています。校園内の草取りや草刈，噴水の清掃などの作業です。様々な場所で一斉に作業をするのですが，子どもたちは自分たちの学びの場をきれいにしようという思いから年齢に即した作業を頑張って行っています。10台以上の草刈り機の音が一斉に響き渡るその豪快さを肌で感じたり，きちんと草を抜くことを保護者に教えられたり，時には保護者よりたくましく草を片づけたりしながら行っています。通称亀池と子どもたちに親しまれている噴水池の作業は特に大変です。しかし，亀や魚の移動，水抜き作業，池磨きなど中学生の頑張りを見ているとその“たくましさ”のなかに“頼もしさ”を感じることもあります。小学生などは，その姿を見ながら将来の自分たちの役割を重ねているのではないかと思える活動の姿です。

幼稚園児は年齢が幼いこともあり作業らしいことも出来ないということから日にちを改めて“ふれあいイベント”を行っています。学年ごとに用意したゲームを校園内のいろいろな所に配置しそれを回りながら敷地内を探索して回るのです。普段なかなか訪ねていくことのできない茶室や資料館も見学出来るよう開放するなどの工夫もしています。事前に行うゲームの準備では，てづくりの作業を通して保護者どうしのコミュニケーションが図れるようにしています。当日は親子一緒にゲームを楽しみながら，互いを知り合うことが出来ます。このイベントをきっかけに「やっと我が子の言うお子さんの名前と顔，保護者の方が一致した」などという感想が聞かれます。この活動の姿は，親子ともども三原学園の一貫教育の第一歩です。

○同好会活動（教育研究委員会）

同好会活動は，PTA活動として公認され予算化されているものがいくつかあります。バレーボール同好会・コーラス同好会（名称：コーロ・ピオ）・茶道同好会・草花愛好会・手芸同好会がそれです。これらの同好会で活動しているメンバーも幼稚園から中学校までの保護者で成り立っています。活動は，何らかの形で子どもたちのために貢献する活動であったり，学校園のために活躍する活動であったりしています。

バレーボール同好会の方は，市Ｐ連（三原市PTA連合会）のバレーボール大会で活躍するメンバーの要となっています。コーラス同好会は，幼小中の行事の中でそのコーラスを披露し子どもたちに感動体験を与えています。三原市の大会でも発表しています。茶道同好会は，卒園茶会や国際コミュニケーション科のお手伝い，クラブ活動の援助など行っています。子どもたちは景露庵という茶室でお抹茶をいただくことが出来ます。茶道同好会の稽古場として使用することによって，伝統ある茶室や庭の維持も図られています。草花愛好会は，“子どもたちの心に潤いを”と子どもたちからよく見える噴水の周辺やそれぞれの玄関付近に四季折々の花を植えて温かい雰囲気をつくっています。手芸同好会は様々なてづくりの品を校園内に提供しています。ままごと用のフエルトのご馳走，手洗い用石鹸入れ，虫取り網の網，トイレののれん，ピアノカバー，タペストリーと種類は豊富です。もともと幼稚園で立ち上がった手芸同好会は，メンバーの子どもたちの成長と共に小学校や中学校へも活動の場を広げていきました。今では中学校の教室にかわいい扇風機カバーができたり，小学校の校長室入り口に月ごとに季節のタペストリーがかかるようになったりしています。

このほか，同好会として組織化されていませんが，幼稚園の園芸サークル，大工・剪定同好会，親父の会，絵本の読み語りなどが子どもたちの生活を支えています。このような同好会などの活動が主になりながら，たくさんの保護者が幼小中隔たりなく活動される保護者のエネルギーを一層感じています。

○バザーでの収益活動（福利委員会）

福利委員会は，唯一“支出しない収益を上げる委員会”です。毎年実施されるバザーでも活躍しています。バザーの具体的な活動は，実行委員会での決定をもとに各クラスの役員を中心に準備実施されます。このバザーは“ふれあいバザー”とも名づけられています。店の出店を子どもたちも手伝うことにより，親子や友達とのふれあいを大事にしています。駄菓子屋さん，うどん屋さん，おばけ屋敷，ゲームコーナーなど１年生から９年生まで９コーナーが出されます。隔年で物品バザーも行われ，それぞれの家庭から持ち寄ったものを販売します。今年は，手芸同好会の方が呼びかけて，家庭から集めたはぎれをもとに子ども用スモックなどを丹精込めて作り販売の準備が進んでいます。最近の新しい試みでは，有志の集まりである親父の会による焼き鳥屋さんもすっかり定着してきました。なお，面白いことに幼稚園はというとこのバザーに出店しません。その代わりに保護者と園児が一緒になって，お客さん役で参加します。“買う時には順番に並ぶこと”“「○○をください」「ありがとうございました」など必要な言葉を言うこと”など約束をして出かけます。校園内に散らばったお店をぐるぐる回り，そこで頑張っているお兄さんお姉さんにおいしいクレープを売ってもらうなどかかわりながら，まるでお店屋さんごっこを楽しんでいるようです。一貫教育ならではのメリットを生かした大規模なバザーが繰り広げられています。

8．ロゴマーク

幼小中が一体であるということのシンボルになるようなものをとロゴマークを作成することにしました。平成 17 年度に，校園内の子どもたちや保護者その他に広くデザインを募集し，選定委員会で選定しました。その結果，現在使用中のロゴマークが出来上がりました。このマークは，クリアファイルやＴシャツに印刷して販売をしています。Ｔシャツは運動会等に職員が着用したりPTA保護者がPTAの発表大会時に着用したりしています。この着用にあたっては，皆さん連帯意識がもてるようで良い雰囲気で着用を楽しんでいる姿を見かけます。また,このロゴマークは職員の名札や会報の表紙・様々な冊子などいろいろなところに登場しています。附属三原は一つの学校園なのだとアピールすることのできる重要なシンボルマークと言っていいでしょう。

このロゴマークは，当時の幼稚園小学校に在園在校していた子どものおじいちゃんがデザインされたものです。デザインの意図は次のようなものだそうです。この意図は今も大事に伝えられています。

> 三原のmを基調にして幼稚園・小学校・中学校の子どもたちが支えあって共に飛翔する姿を表現しています。

Mihara Educational Institution
attached to
Hiroshima University

幼稚園・小学校・中学校の子どもたちが，日常の生活の中で様々な交流を通して互いにかかわりあいながら学びあい育ちあう姿を肌で感じているこのごろでは，このマークの中に込められている思いを皆が実感しています。21世紀をこれから生きていく子どもたちは，このロゴマークの願いに込められているようにこの学校園で学んだことを基盤にしながら，支えあい人間性豊かに是非大きく羽ばたいて欲しいものです。

（金岡　美幸）

Ⅲ．幼小中連携の研究と資料づくり

私たちは，開発研究の成果を年度末に小冊子としてまとめてきました。たとえば，平成 19 年度に作成した主な資料は次のものです。

「平成 19 年度研究開発実施報告書」

「平成 19 年度研究開発への取り組みに関する部会実践事例集」（資料１）

「教科『国際コミュニケーション』テキスト」（資料２）

「三原学園幼小中一貫教育及び指導要領」（資料３）

これらの資料は，私たちが実践し学んだことの現時点での到達点を示すものです。成果や問題点ができるだけ多くの人に伝わるように，それぞれの目的を明確にして，個性的な資料づくりを心がけました。たとえば，資料１では，研究の特徴を具体的な保育・授業の形で示すために，幼稚園から中学校までの実践事例をできるだけ多く（34 例）取り上げることにしました。また，資料２では，「教科書」という形式で表現することによって，「国際コミュニケーション」という新設教科の特徴を示そうとしました。さらに，資料３では，「学習指導要領」に新規事項を追加するという形で，本学園の一貫教育の理念と目標を体系的に示そうとしました。

いずれも試案や試行の域に過ぎませんが，この資料づくりを通して得たことや学んだことは少なくありません。また，作成した資料をどのように修正していくことができるかという視点で見直すと，これからの研究の方向性も見えてきます。

１．資料づくりを通して得たこと

（１）保育・教育の全体像への目配り

資料３は，いわば三原学園版の「教育要領」「指導要領」をめざしたものです。単元開発やカリキュラムづくりには多くの試みを積み重ねてきましたが，保育や教育の全体像を示す指針づくりについては，まったく未経験でした。教科ごとのカリキュラムと，新設の「国際コミュニケーション」「協同的創造」「発見科・表現科」「かかわり」のカリキュラムを関連づけることと同時に，カリキュラムを背後から支えている「目標」「教科領域構造」「学力」などの理念を明らかにしていこうとしました。しかし，単元開発やカリキュラムづくりのレベルを超えて取り組むことは難しく，単元例や活動例の列挙に終始してしまうことがたびたびありました。各研究プロジェクトの指針案を持ち寄り話し合い，優れた指針案に学びながら少しずつ修正を図っていきました。一方で，文部科学省作成のものはもちろん，東京都品川区の「市民科」や，他附属の指導要領試案などの先進的な取り組みにも学びました。三原学園版として提案するにはまだまだ足りない部分が多くありますが，この資料づくりを通して，「指導要領　→　カリキュラム　→　単元　→　教材」といったように，保育・教育の内容を構造的に関連づけてとらえるようになったことは大きな成果です。

(2) 子どもたちの成長モデルの共有化

幼稚園から中学校までの12年間を大きく二つに分けた「6・6制」と，スパイラル型のカリキュラム編成には，三原学校園としての子どもの成長モデルが反映されています。資料1には，実践事例として幼小中の各段階の子どもたちの姿が簡潔に整理されています。私たちは，この資料づくりの過程で，それぞれの実践を持ち寄って突き合わせながら，子どもたちの長期的な成長の姿を具体的にイメージするようになりました。たとえば，かかわり部会から出された「幼稚園年長児と小4児童との交流活動」の実践からは，異年齢や異校種間でのかかわりをとおして，人間関係について体験的理解から認知的理解へ変容する姿や，数年の歳月を経て類似体験を反対の立場で体験することの重要性を確認しあうことができました。このような小さな発見を蓄積しながら，私たちは，子どもたちはゆっくり成長していくこと，

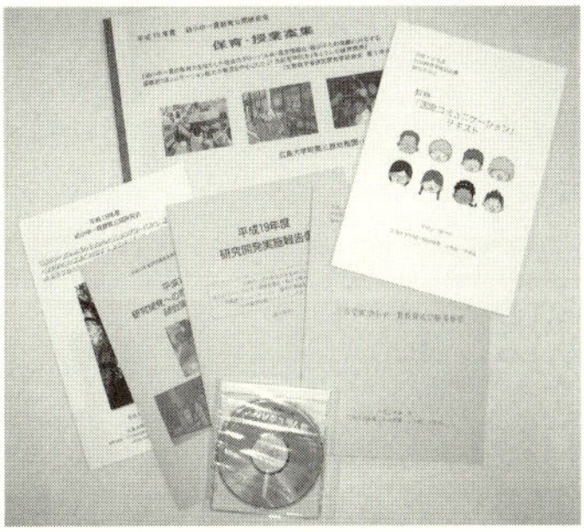

大きな変革の時期と最高学年とは必ずしも一致しないこと，成長の途中には一時的に停滞しているように見える時期があることなどに気づいていきました。

（3）指導方法の開発から学習価値の発見へ

資料２の教科書づくりは，私たちにとってはほとんど初めての経験でした。

開発した単元を教科書という形で表現し直すことは，予想した以上に大変でした。小中学生という読者にあわせて，キャラクターの設定，対話形式の文体，写真や図の多用など，親しみやすくなるように工夫しました。しかし，できあがったものは，教科書というよりもワークシート集に近いものでした。教科書とワークシート集とは何が違うのか，試作品の原稿を持ち寄ってたびたび議論しました。また，出版されている外国語活動の教科書や副教材なども取り寄せて研究しました。その結果，私たちの作ったものは，内容が学びの方法や手順に偏っていることが分かってきました。つまり，単元の目標に到達するための学び方は詳しいのですが，その単元を学ぶ価値や意義，また学習者の興味関心の喚起についての記述が足りないということです。私たちのこれまでの実践・研究は，教科書を使って深くて広い内容を効率的に学ばせるための指導方法に偏っていたのです。教科書を使う立場から，新しく教科書を作る立場になって，あらためて一つの単元を作ることの重要性と難しさを学ぶことになりました。とりあえずできあがった資料２にはまだまだ改善すべき点が多くありますが，この教科書を作るという活動を通して，単元の価値や意義を創りだしていく体験ができたことは大きな意味がありました。

２．資料の修正とこれからの研究に向けて

できあがった資料には，修正しなければならない点が多くあります。具体的にいえば，資料１では，個々の実践の特徴をさらに明らかにすること。資料２では，先にあげたようにできるだけ教科書の様式に近づけること。資料

３では，新しい「教育要領」「学習指導要領」との関連をはかりながら学習内容を体系的に示すことです。その際私たちが大切しなければならないのは，一貫教育という視点で現実の子どもたちの姿を見ながら研究してきたことです。

私たちはこれまで，自分が直接かかわっている子どもたちを対象に，その実態や課題をとらえた上で，どのような教材を開発するか，どのように指導方法を改善するかということを考えてきました。このことはこれからも大切にしていかなければなりません。しかし，私たちは同時に子どもの姿をあまりにも狭い範囲でとらえすぎていたということも反省しなければなりません。この度の資料づくりの過程で，「教科書や指導要領と呼ぶにはあまりにも地域や子どもの個別性や特殊性が強すぎはしないだろうか。もっと普遍的で一般的な内容にすべきではないか。」という問題を議論したことがあります。そして，確かにその議論の結果，資料の一部は普遍化・一般化の方向へ修正しました。しかしそれでも私たちは，自分たちの研究は一貫教育の一般的な法則を解明することではないと考えています。目の前にいる子どもたちを，もう少し長い期間の中で，もう少し広い関係の中でとらえなおし，子どもたちのもっている可能性をいかに伸ばしていくかを考えていきたいと思います。

（木本　一成）

＜小学校５・６年　選択算数科＞
「アウトドア算数～データでみる附属三原学園」
(1) 学習計画（全16時間）

第１次	ガイダンス	（１時間）
第２次	オリエンテーション	（２時間）
第３次	調べよう・まとめよう	（７時間）
第４次	発表しよう	（５時間）
第５次	ふりかえろう	（１時間）

(2) 活動の実際

第１次　ガイダンス　（１時間）

選択算数科では，算数検定問題を自力解決することとアウトドア算数に取り組むことを紹介した。

第２次　オリエンテーション　（２時間）

１年間の活動目標を決め，研究テーマ別グループを編成した。

１時間目にはまず，教科のテーマについて話し合い，目標は「５年生と６年生の２学年が協力して選択算数をつくっていこう～自分のテーマを追求しよう～」に決定した。また，アウトドア算数で調べたいテーマについて希望調査を行った。２時間目には，事前に集約しておいた調べてみたい研究テーマをもとに，個の希望や意欲を生かしながら学習グループ編成を行った。

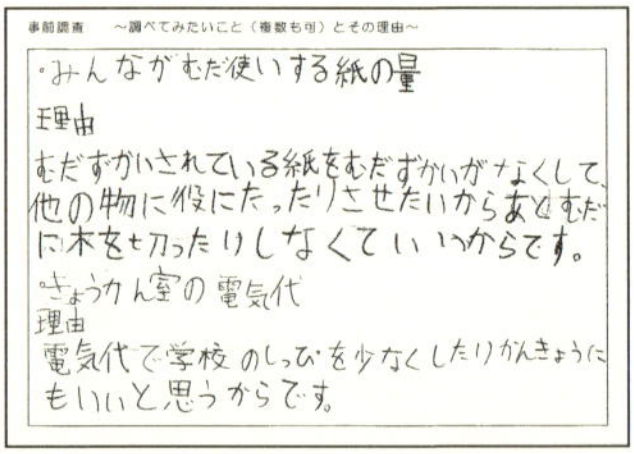
事前調査　～調べてみたいこと（複数も可）とその理由～
・みんながむだ使いする紙の量
理由
むだずかいされている紙をむだずかいがなくして，他の物に役にたったりさせたいからあとむだに木を切ったりしなくていいからです。
・きょうかん室の電気代
理由
電気代で学校のしっぴを少なくしたりかんきょうにもいいと思うからです。

希望テーマの調査より

グループによる話し合い

第３次　調べよう・まとめよう（７時間）

第２次までに編成した学習グループごとに必要なデータの収集と分析・考察そしてプレゼンテーション資料作りを行った。データの分析については，データの○○の部分から「こんなことが分かる。」・「こんなことが言える。」・「こんな課題が見つかった。」といった視点で行うこと，考察については全校にむけて提案したいこと・改善したいことを理由とともに示すことを児童の話し合いにより確認して作業にあたらせた。

２週間に１回程度の協同的創造学習の時間だけではデータ収集できないので，グループごとに休憩や放課後の時間を利用して少しずつ収集していった。

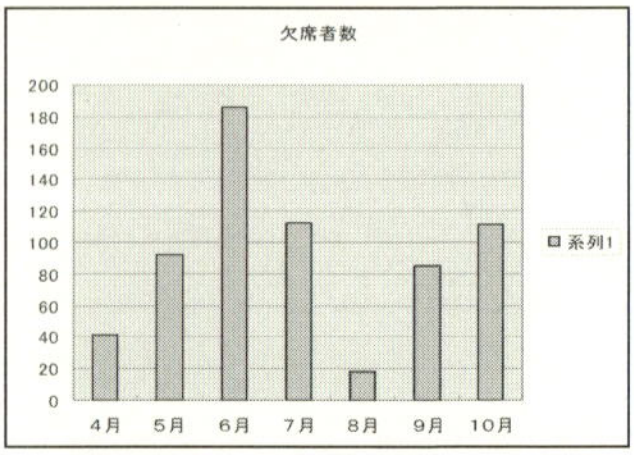

児童が調べた欠席者データ

データの収集方法はさまざまで，例えば，学園のソーラー発電システムの売電料金グループは子どもたち自ら学園事務室に依頼し，定期的に印刷物としてデータを収集した。

給食の残菜量グループでは一定期間毎日のように給食室を訪れ栄養士の先生からデータをいただいていた。

算数検定問題チャレンジについて

必修教科での既習事項を活用し，他学年にも分かりやすく考え方を説明する力を伸ばし，自力で考え説明しようとする態度を培いたい。通常，学年が交代しながら考えを他学年に説明するようにしている。6年生には既習経験を生かしながら説明を試みる様子が見られる。まず結論や考え方の方針を述べ，簡潔に説明しようとする6年生の様子に，5年生は学ぶところが多いようである。また，「少し難しいけど他の人の意見を聞くと，納得できるやり方が見つかった。」「初めての算検に比べてだいぶできるようになってきた。」「説明が難しくてできなかったので，次回はもっと考えたいです。」といった意欲を持って前向きにふり返りをすることができるようになってきている。

右図は，「正午から午前0時までの12時間に，長い針と短い針が直角になるのは何回ありますか」という問題場面の解決事例である。この5年生児童は，1時間に直角になるのが2回だから，12時間では2×12＝24回　と考えた。それに対しこの6年生児童は，基本的に1時間に2回直角になる。しかし，2時から3時，8時から9時のときは1回しかない。それは，2時60分と3時がかぶる（重なる），（8時60分と9時も）と，時計を用いて説明している。5年生児童は「あまり深いところまで考えていなかった。今度は実物を使ってしっかり考えていきたい。」とふり返っている。

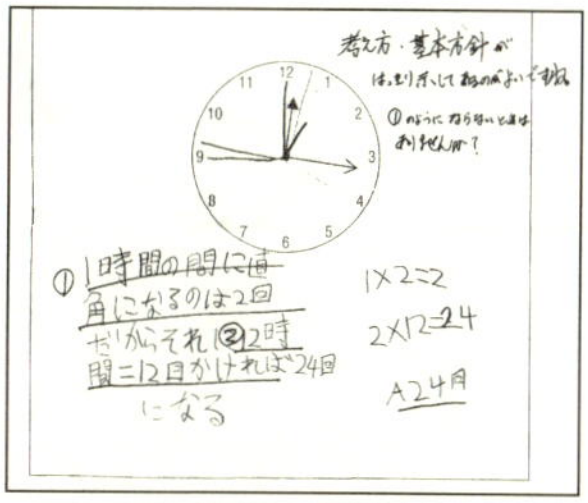
5年生の解決例

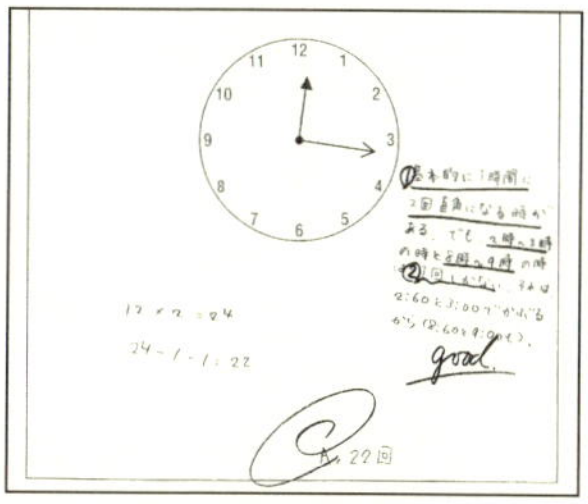
6年生の解決例

(3) 小学校選択教科算数における評価について

児童には，活動終了時にふり返りワークシートを配布し提出させている。また，ポートフォリオづくりを通して子ども自身が学びのあしあとをふり返ることができるようにしている。

算数・数学科では協同的創造力の要素を，学んだことを生かす力・協力して学びあう力・自分たちで文化を創り出す力という3つの力としてとらえている。児童のふり返り項目は，これら3つの力に照らして算検問題を自力解決した

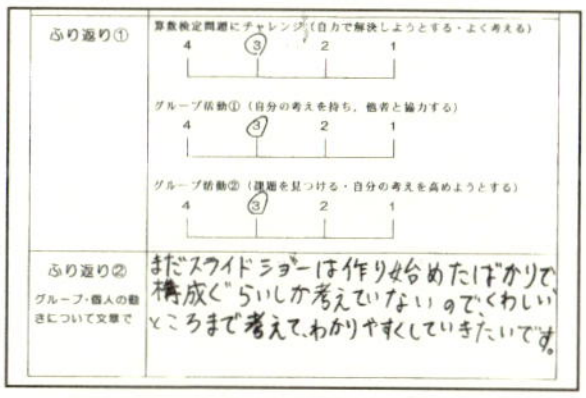

ふりかえりカード

（平成19年度研究開発への取り組みに関する部会実践事例集（資料1）から）

やっさ祭りてくてくコースを知ろう

Name	

地域の方と歩いて，実物を見てみよう。
話を聞いて，わかったことなどメモをとっておこう。
わからないことや聞いてみたいことは，どんどん質問しよう。

場所	読み方	わかったこと
①隆景広場		
②絵図面		
③天主台		
④神明口		
⑤算木積		
⑥妙正寺登覧画図		
⑦舟入櫓		
⑧聖トマス小崎像		
⑨一番櫓		
⑩明善堂跡		
⑪西大手門		
⑫正法寺		
⑬大島神社		
⑭妙正寺		
⑮浅野家墓所		

⑯朝鮮梵鐘		

～地域の方に話を聞く～

地域に長年住んでおられる方に話を聞くと，いろんなことがわかります。昔の町の様子について，歴史などの言い伝えや知識など，たくさん知っておられます。そういう時には，ぜひメモをとりながら話を聞きましょう。そして，自分が疑問に思ったことや，もっと詳しく知りたいことは質問してみましょう。

2.　ガイドテキストを作る

・自分たちで案内できるように，セリフを考えよう。
・言葉やジェスチャーなどを工夫して，わかりやすく伝えよう。

地域の人たちに案内していただいた場所を，今度は自分たちが案内できるようになろう。
どのような情報を伝えればいいかな？
また，わかりやすく伝えるためには，どんな工夫をすればいいかな？

ガイドテキスト作成に関わってのアドバイス

① 自分たちの思い出や，かかわりのある内容を入れる。

例えば･･･ここで幼い頃遊んでこんな遊びをしていた。
実はこの近くに自分の家があるけど，この場所についての歴史は，いままで知らなかったなぁ。
この場所はよく通るけど，今まで気づかなかったなぁ。

② 平易な日本語を話す。

留学生があまり日本の歴史に詳しくなくても理解できそうか？
熟語･･････簡単な語句にできないだろうか。
文化的背景･･･････江戸時代，明治時代などは，いつの時代かな。
豊臣秀吉，徳川家康などは，どういう人物かな。
相手が知らなかったら，どういう風に説明したらよいだろう？

③ エスコートのコースと，案内する場所は適切か。

歩きやすいルートになっているかな。
案内する場所は，つながりがあるかな。

「教科『国際コミュニケーションテキスト』」（資料２）から

第２節　発見科

第１　目　標

身の回りの自然や地域社会にかかわる体験活動を通して，それらに対する愛着を抱くとともに，自然や地域社会の事象の特性や関係の理解につながる認識の基礎や，自ら活動を起こしたり見通しを持って行動したりするための実践力の基礎を養う。

第２　各学年・各分野の目標と内容

［第１学年］

１　目　標

⑴ 飼育・栽培活動や身近な素材を用いた製作活動などを通して，疑問を見つけることを楽しむことができるようにする。

⑵ 自分の生活に関係のある人々に親しみを感じさせたり，道具や施設などを大切に扱おうとする意欲を育んだりする。

⑶ 感覚器官を働かせて対象をじっくり見たり，本物やモデルとそっくりなものを作ったりする過程で，数，色，構造，形など具体的な観点をもって見つめ直し，特徴をつかむことができるようにする。

⑷ 家庭や学校で働く人の服装や使っている施設・設備の意味や役割について考えることができる。

⑸ 感覚器官を通して感じたことを，絵や文で表すことができるようにする。

⑹ 調べたことを表や絵地図などに表すことができる。

⑺ 繰り返し見たり試したりすることによって，特徴をつかんだり，問題点を解決したりすることができるようにする。

２　内　容

Ａ　飼育・栽培

⑴ 身近な生き物の採集や飼育を通して，それぞれの生き物の住む環境や特徴に気付くことができるようにする。

ア　採集場所に着目し，採集した生き物が暮らしやすい環境を考えることができる。

イ　自分たちが飼育している生き物の一日の様子や時期ごとの変化に気づく。

ウ　生き物の生息場所を絵地図などに表すことで分布の大まかな特徴をつかむ

ことができる。

(2)　植物を栽培することを通して，植物の特徴や変化の様子に気付くことができるようにする。

ア　自分の栽培している植物の世話を通して，植物が大きく育つために必要なことを考える。

イ　自分たちが育てている植物について，生長の様子や一日の中での変化の様子，時期ごとの変化の様子に気付く。

ウ　自分たちが育てている植物の特徴をよく見て，そのことを友だちに伝えたり，絵や文，立体造形などで表したりすることができる。

B　遊び

(1)　身近な素材を使った遊びやものづくりを通して，その素材の持つ特性や事象との関係に気付くことができるようにする。

ア　自然素材を利用した遊び・おもちゃづくり等を行うことで，自然素材に関心を抱き，特徴を見出すことができる。

イ　身近な素材を使った遊びやものづくりを通して，事象の変化とその原因を考えることができる。

ウ　参考作品などをモデルにして，じっくり観察したり自分で試してみたりして，その構造や仕組みをとらえて作ることができる。

エ　自然素材を利用した遊びを行うことで，素材への関心や季節ごとの違いや気象への関心を抱く。

C　公共

(1)　学校の施設や道具を調べたり利用したりすることを通して，それらの役割について考え，ルールを守って大切に使おうとする気持ちを抱くことができるようにする。

ア　学校と家庭を比較することによって，多くの人が使う道具，施設やそれを支える人の働きに気づく。

イ　道具，施設の場所や様子を調べ，簡単な絵地図などに表すことで，学校の様子に気づく。

ウ　道具，施設の数や位置などについて，自分で調べることができる。

D　仕事

(1)　家庭や学校の仕事を調べることを通して，自分の生活に関わる仕事をしている人々に親しみを持つことができるようにする。

（「三原学園幼小中一貫教育及び指導要領」（資料３）から）

【研究者一覧】

幼小中学校校園長
中尾　佳行

幼稚園副園長　金岡　美幸

小学校副校長　金丸　純二

中学校副校長　木本　一成

幼稚園教員
掛　　志穂
吉原智恵美
池田　明子
中山芙充子
君岡　智央
井上　由子
弓場奈穂子

小学校教員
藤原　由弥
石井　信孝
金田　敏治
大橋美代子
川﨑　正盛
加藤　秀雄
中島　敦夫
長野　由知
村上　良太
岡　　芳香
石原　直久
小早川善伸
宮里　智恵
杉川　千草
三田　幸司
青原　栄子
福田　佳世

中学校教員
佐伯　育伸
村上　直子
風呂　和志
實谷　富美
藤井　志保
八澤　　聡
松尾　砂織
桑田　一也
簑島　　隆
柳生　大輔
妹尾　進一
大和　浩子
荒谷美津子

広島大学共同研究者
朝倉　　淳
井上　　弥
山元　隆春
佐々木　勇
池野　範男
木村　博一
棚橋　健治
植田　敦三
松浦　武人
山崎　敬人
松浦　伸和
恒松　直美
平川　幸子
黒瀬　基郎
權藤　敦子
三村　真弓
濵本　恵康
若元　澄男
菅村　　亨
内田　雅三
中村　和世
長松　正康
山本　　透
田結庄順子
伊藤　圭子
松田　泰定
松尾　千秋
木原成一郎
越智　　貢
衛藤　吉則
林　　　孝
神山　貴弥
東川　安雄

転出された研究同人
洲濱美由紀
久原　有貴
見藤　孝二
徳本　光哉
吉原健太郎
下野　素文
魚谷　　香
加藤　桂子
谷川　佳万
藤井　雅洋
神重　修治
門長　　充
居川あゆ子
藤田　敬子
矢藤真二郎
山﨑　裕昌

運営指導委員
小原　友行
天笠　　茂
北　　俊夫
加藤　繁美
田中　博之
深澤　清治
牧原　明人
西田　光也
二見　吉康
松村　智由
植木　章弘
檜山　哲雄

あとがき

本学校園は文部科学省の研究開発学校の指定を受けて6年間,「幼小中一貫の教育力を生かした21世紀型の学校カリキュラムや学習指導法の開発」に努めてきました。本文にもありますように，国際コミュニケーションを教科として位置づけることを中心に，かかわり学習，保育・教科学習を幼小中一貫教育の12年間の中で学習していくシステムを作ってきました。

この過程で，子どもの成長を支援し，見守っていく教師の姿が統一されてきたように思います。一人ひとりの子どもを，熱い視線で見守りながらも決して直接的には声をかけない。これは，幼小中の異校種でのかかわりの部分で多く見られます。声をかければ，子どもたちの成長を止める，または，押さえてしまうかもしれないからです。子どもたちどうしのかかわりの中から生まれる「自ら伸びる力」を信じ，支援していく教師の姿が一貫してみられるようになってきているのです。

さらに，発育発達の違う幼小中の異校種の子どもたちがかかわり合うことによって，それぞれの校種の教師は，他の校種に対してどうすれば役立てるか，いかに役立っているかと考えるようになってきました。小学生と幼稚園児は9年生の姿を，日々あまり意識することなく見て学習しています。目指す姿・育っている中学生を見ているわけです。幼小中の教師は，そのような園児，児童，生徒の育ちをお互いに感じながら，それぞれかかわりを通して育った姿から異校種へ感謝する心が生じてきているのです。「人につくして感謝しよう」この心は小さな輪から大きな輪へと広がり，教師全員に大きな自信と満足感を与えてくれています。

また，研究開発学校の指定校を受けるにあたり，保護者の間からは不安の声もあがりました。新しい教科や領域の導入によって本来の教科の授業数が減ったり，進路指導がおろそかになったりしないかと。学校としても，小中でカリキュラムを見直し精選し，新しい教科国際コミュニケーション科等の取り組みと連動させ授業を活性化させることに取り組んだり，子どもたちとの対話を図るよう心がけたりしました。そのような中，教師も子どもたちも共に伸びあえたことは，大きな収穫であり，喜びでありました。またその姿を，本学校園の保護者の方々には温かく見守っていただきました。さすが，広島大学附属三原学校園ならではの相互に信頼しあえる保護者であると感じました。本当に感謝の気持ちでいっぱいです。

このように素晴らしい幼小中一貫の教育力をつける筋道と方法を6年間にわたって指導し続けてきていただいた運営指導委員の先生，千葉大学の天笠茂先生，国士舘大学の北俊夫先生，山梨大学の加藤繁美先生，大阪教育大学の田中博之先生，広島大学の小原友行先生，同深澤清治先生，広島県教育委員会の牧原明人指導第一課課長，尾三教育事務所の八谷隆司所長，尾三教育事務所の松村智由前課長，三原市の植木章弘前教育長には，言葉に言い尽くせないほど大変感謝いたしております。

これからも，幼小中一貫の教育力を生かしながら，自ら伸びる人でありたいと願っています。

2008（平成20）年11月

広島大学附属三原中学校副校長　　木本　一成
広島大学附属三原小学校副校長　　金丸　純二
広島大学附属三原幼稚園副園長　　金岡　美幸

【著者紹介】

広島大学附属三原学校園

広島大学附属三原学校園は，明治44年4月に広島三原女子師範学校の附属学校として創立されて以来，今年度で97周年を迎えている。子どもたちは，幼稚園から中学校まで，12年間を同一敷地内で過ごす。このことから，本学校園は「三原学園」と呼び，親しまれている。

大正13年には「自ら伸びよ」を教育理念としてかかげ，教育実践・教育研究に力を注いできた。このことにより，「自主性」「連帯性」に支えられた主体的な子どもを育成し，社会でリーダーとして活躍する人材を多く輩出してきた。

平成15年からは文部科学省研究開発指定を2期（2003～2005年，2006～2008年）継続して受け，21世紀初頭（2015～2025年）の社会の変化の中でも，人間として普遍的に大切な資質である「ユニバーサル・シティズンシップ」の育成をめざした研究に取り組んでいる。

この研究の前半の3年間は，三原学園の最大の特徴である幼小中一貫の教育力を生かしながら，この力を確実に育てていくために，6・6制を導入し，幼小連携の保育・教科学習や小中連携の教科学習，新領域「国際コミュニケーション」，「かかわり学習」の開発を進めた。この研究成果は，『21世紀型“読み・書き・算”カリキュラムの開発』（2005年12月，明治図書）に集約した。

後半の3年間は，これまでの研究を更に深化・発展させ，「国際コミュニケーション」を教科として創設した。また，小学校に選択教科，幼稚園に「発見・表現の時間」を新設して，21世紀型学校カリキュラムを体系立てた。その検証として，「三原学園幼小中一貫教育及び指導要領」，国際コミュニケーション科のテキストを作成し，現在に至っている。

21世紀型教育への提言

~幼小中一貫で育つ子どもたち~

平成20年11月10日　発行

編著者　広島大学附属三原学校園

発行所　㈱溪水社
広島市中区小町1-4（〒730-0041）
電 話　082-246-7909
FAX　082-246-7876
E-mail；info@keisui.co.jp

ISBN978-4-86327-043-5 C3037